思想道德修养与法律基础立体化实践教程

主　编：刘　红
副主编：孔祥磊　李秋实　朱春艳
编　者：孙耀芬　李　悦　周金凤　杨雁骄

北京理工大学出版社
BEIJING INSTITUTE OF TECHNOLOGY PRESS

版权专有　侵权必究

图书在版编目（CIP）数据

思想道德修养与法律基础立体化实践教程/刘红主编．—北京：北京理工大学出版社，2018.9（2021.8重印）

ISBN 978-7-5682-6286-6

Ⅰ.①思… Ⅱ.①刘… Ⅲ.①思想修养-高等学校-教材②法律-中国-高等学校-教材 Ⅳ.①G641.6②D920.4

中国版本图书馆CIP数据核字（2018）第204571号

出版发行 / 北京理工大学出版社有限责任公司
社　　址 / 北京市海淀区中关村南大街5号
邮　　编 / 100081
电　　话 / （010）68914775（总编室）
　　　　　（010）82562903（教材售后服务热线）
　　　　　（010）68944723（其他图书服务热线）
网　　址 / http://www.bitpress.com.cn
经　　销 / 全国各地新华书店
印　　刷 / 唐山富达印务有限公司
开　　本 / 787毫米×1092毫米　1/16
印　　张 / 12.5　　　　　　　　　　　　　　　责任编辑 / 梁铜华
字　　数 / 295千字　　　　　　　　　　　　　文案编辑 / 梁铜华
版　　次 / 2018年9月第1版　2021年8月第8次印刷　责任校对 / 黄拾三
定　　价 / 30.00元　　　　　　　　　　　　　责任印制 / 李志强

图书出现印装质量问题，请拨打售后服务热线，本社负责调换

前　言

思想政治理论课是大学生的必修课，是大学生思想政治教育的主渠道，是帮助大学生树立正确世界观、人生观、价值观的重要途径。根据中共中央国务院《关于进一步加强和改进大学生思想政治教育的意见》（中发〔2004〕16号）、《中共中央宣传部　教育部关于进一步加强和改进高等学校思想政治理论课的意见》（教社政〔2005〕5号）、教育部《关于进一步加强高校实践育人工作的若干意见》（教思政〔2012〕1号）、教育部关于印发《高等学校思想政治理论课建设标准》（教社科〔2015〕3号）、教育部关于印发《新时代高校思想政治理论课教学工作基本要求》（教社科〔2018〕2号）的通知等有关文件精神及国家思想政治理论课课程改革的总体部署，坚持政治理论教育与社会实践相结合，既重视课堂教育，又注重引导大学生深入社会、了解社会、服务社会的精神，针对提升思想政治理论课的教学质量，加强实践教学环节设计，编者编写了这套思想政治理论课立体化实践教程。

编者以全国高校思想政治理论课通用教材2018版《思想道德修养与法律基础》一书为依据，将高校思想政治理论课与大学生实践教学融为一体，对"思想道德修养与法律基础"这一课程进行了深度挖掘，突出实践性与趣味性、理论性与政治性的紧密结合。本书每章包括箴言选摘、知识框架、理论导学、知识梳理、教学模式建议、实践指南、案例选读、视频资料、考考你九部分。

（1）"箴言选摘"：根据每章的内容设置经典理论片段，资料来源于中外经典名家及领导人的讲话经典论著等，提纲挈领地点明每章主题。

（2）"知识框架"：将每章的内容逻辑以思维导图的形式进行生动再现，明晰各教学点之间的关系。

（3）"理论导学"：将每章的重要理论进行梳理、分析、归纳，使学生能够快速而有效地掌握重难点。

（4）"知识梳理"：提炼梳理教材中的教学内容，帮助学生快速掌握各知识点的具体内容及知识之间的逻辑关系。

（5）"教学模式建议"：将每章教学体系按照理论与实践的学时与积分进行分配，指导授课教师有效地完成本章教学任务。

（6）"实践指南"：每章设计了充分体现每章理论教学内容的实践活动，引导学生以主体身份参与教学过程，提高学生的创新实践能力。

（7）"案例选读"：该部分既可以用于课堂教学，又可用于学生的课外阅读，能使学生利用业余时间对教学内容有更深刻的理解。

（8）"视频资料"：该部分把针对每章内容进行精选的视频案例和关于教学知识点的微视频压缩成二维码，学生课后可以扫码观看，加深对教学内容的理解。

（9）"考考你"：针对教学内容设计了复习思考题，巩固提高教学效果。

本书还提供了多元化理论教学模式基本程序的建议。

（1）课前推送资料，精心预习——教师课前通过教育平台为学生推送相关预习资料，指导学生进行预习。

（2）创设情境，导入新课——教师有效利用多媒体等各类教育资源，合理采用教学手段，面向全体，有序互动，有效调控，创设适宜的教学情境，激活学生思维。

（3）确定新课线索，协作学习——由教师向学生提供新课讲授线索，通过师生讨论、分组合作、体验、不同观点的交锋，以及教师的强调、点拨、补充、修正等方式来帮助学生完成知识点的学习。

（4）总结提高，效果评价——教师进行总结归纳并根据学习过程中随时观察记录的学生表现给予学生分数。

本书主编刘红、副主编孔祥磊、李秋实、朱春艳，其他参编人员还有孙耀芬、李悦、周金凤、杨雁骄，在编写过程中，我们参考了大量的文献和资料，并在文后附了出处，但由于时间有限，还有一些资料的出处一时难以确定，在此我们对这些作者表示深深的歉意。时间仓促、加之我们本身的水平有限，书中仍存在不少问题。诚挚欢迎大家批评指正，以便我们不断改进，将这项工作做得更好。

编　者

2018 年 6 月

目 录

绪　论 ··· 1
　　箴言选摘 ··· 1
　　知识框架 ··· 1
　　理论导学 ··· 1
　　知识梳理 ··· 2
　　教学模式建议 ··· 2
　　实践指南 ··· 3
　　案例选读 ··· 3
　　视频资料 ·· 13
　　考考你 ·· 14

第一章　人生的青春之问 ··· 16
　　箴言选摘 ·· 16
　　知识框架 ·· 16
　　理论导学 ·· 17
　　知识梳理 ·· 18
　　教学模式建议 ·· 19
　　实践指南 ·· 20
　　案例选读 ·· 24
　　视频资料 ·· 27
　　考考你 ·· 28

第二章　坚定理想信念 ··· 31
　　箴言选摘 ·· 31
　　知识框架 ·· 31
　　理论导学 ·· 31
　　知识梳理 ·· 32
　　教学模式建议 ·· 34
　　实践指南 ·· 35
　　案例选读 ·· 42
　　视频资料 ·· 54
　　考考你 ·· 55

第三章　弘扬中国精神 ··· 58
　　箴言选摘 ·· 58

知识框架	58
理论导学	58
知识梳理	59
教学模式建议	61
实践指南	61
案例选读	68
视频资料	80
考考你	80

第四章 社会主义核心价值观 …… 83

箴言选摘	83
知识框架	83
理论导学	83
知识梳理	84
教学模式建议	86
实践指南	86
案例选读	93
视频资料	107
考考你	108

第五章 明大德守公德严私德 …… 111

箴言选摘	111
知识框架	111
理论导学	112
知识梳理	112
教学模式建议	116
实践指南	116
案例选读	125
视频资料	136
考考你	136

第六章 尊法学法守法用法 …… 139

箴言选摘	139
知识框架	139
理论导学	140
知识梳理	140
教学模式建议	144
实践指南	145
案例选读	148
视频资料	160
考考你	161

附件一：职业生涯规划书体例·· 164
附件二：长春职业技术学院思想政治理论课社会实践调查报告（论文）格式与成绩
　　　　评定参考标准·· 167
附件三：心得、论文、演讲稿、总结、报告体例·· 170
附件四：新闻报导稿的格式与要求·· 172
附件五：图片、摄影类作品格式要求·· 174
附件六：主题实践活动策划方案及思政课实践活动申请表···································· 175
附件七：思想道德修养与法律基础课教学改革实施方案·· 177
附件八：思想道德修养与法律基础课程教学成果汇报活动方案···························· 187

绪 论

"中国梦归根到底是人民的梦。梦在前方,路在脚下。实现中国梦,需要我们每一个人继续付出辛勤劳动和艰苦努力,脚踏实地地做好自己的事情,心往一处想,劲往一处使。"

——习近平

"中国梦归根到底是人民的梦,必须紧紧依靠人民来实现,必须不断为人民造福。"

——习近平

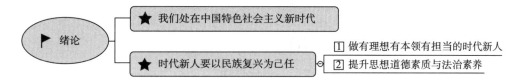

【知识目标】

1. 了解本课程的性质、任务、教学体系及学习方法。
2. 明确新起点,明晰当代大学生的历史使命。

【能力目标】

1. 帮助大学生尽快实现角色转换并确立新的人生目标。
2. 提高大学生思想道德素质和法治素养。

【素质目标】

1. 激发大学生对"思想道德修养与法律基础"课程学习的兴趣与热情。
2. 树立正确的成才目标和发展方向。
3. 怀着感恩的心对待生活和学习,以极大的热情奉献社会,在参与社会实践中创造人生价值。

【教学重点】

1. 正确看待大学生活的适应问题,积极寻找解决适应问题的思路和方法。
2. 结合高职学生实际及个人自身特点,确立成才目标和发展方向。

【教学难点】

如何结合自身实际情况,尽快适应大学学习生活,实现从中学生到大学生的角色转化。

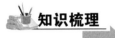

一、我们处在中国特色社会主义新时代

(1) 新时代是我们理解当前所处历史方位的关键词。
(2) 每一个人都是新时代的见证者、开创者、建设者。

二、时代新人要以民族复兴为己任

(一) 做有理想有本领有担当的时代新人

(1) 要有崇高的理想信念,牢记使命,自信自励。
(2) 要有高强的本领才干,勤奋学习,全面发展。
(3) 要有天下兴亡、匹夫有责的担当精神,讲求奉献,实干进取。

(二) 提升思想道德素质与法治素养

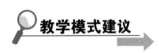

本章的课时分配为2,其中理论学时为2,积分为3,教学方式为理论讲授。

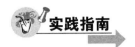 **实践指南**

项目一　军训感言

【实践性质】　校内实践。
【实践目的】　使学生能弘扬坚韧顽强品质,倡导团结协作精神;提高学生的独立思索能力,使其尽快适应大学生活,完成中学生向大学生的角色转变。
【实践学时】　3学时。
【实践步骤及要求】
(1) 开学初由各分院组织大一新生全体参加军训。
(2) 军训结束后以班级为单位召开"我的大学第一课'军训有感'"主题班会。
(3) 学生根据军训体验与班会感悟,撰写不少于1 500字的心得体会。

项目二　"我的职业我的岗"学习计划书

【实践性质】　校内实践、社会实践。
【实践目的】　结合学期初各分院组织的专业认识实习及学工办开展的新生入学问卷调查活动,使学生在了解认识自己所学专业与未来职业岗位特点的同时,明确自身历史使命及时代对人才素质的具体要求,建立新的生活与学习秩序,形成良好的生活与学习习惯。
【实践学时】　3学时。
【实践步骤及要求】
(1) 各分院根据学生所属专业分别组织学生参加专业认识实习一周。
(2) 由学工办或思政部负责组织全体新生参加"新生入学问卷调查"活动。
(3) 任课教师布置学生通过网上调研或利用课余时间走访调查了解与本专业相关的各类型企业发展现状及招聘员工具体要求。
(4) 学生以个人为单位按时间进度和优先顺序给自己制订一份《大学学习计划书》,计划书要求目标内容描述明确具体,用数字量化,有时间结点,可以评估,要结合时代的发展与要求。

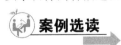 **案例选读**

案例一　让灵魂永远保持站立姿势

【案例呈现】

刘默涵的故事在北大学生中广为流传——这位来自河北无极县农村贫困家庭的历史系三

年级本科生，创立了用自己名字命名的助学基金，一年多来已帮助了37个贫困家庭的孩子上学。

刘默涵在贫困中顽强自立的精神感动着同学们，她的经历也引发了诸多思考：贫富不同的出身差异能在多大程度上决定一个人的命运？如何在贫穷中保持心灵的富有？如何使卑微的人生变得博大？……

刘默涵的老乡、北大计算机系学生马秀娟说"默涵实在不得了"！

马秀娟说："默涵很有主意，特别能闯。"

同学们说刘默涵"特牛"：靠勤工俭学，不仅完全养活了自己，承担了母亲和妹妹的生活费用，还资助了那么多穷孩子上学。叹服之余，很多人困惑："她是怎么做到的？"

"你可以做最幸福的一个！"

谁能想到，刘默涵曾经是一个被中学开除的"坏学生"。

默涵12岁那年，父亲暴病去世，剩下她与常年卧病在床的母亲和年幼的妹妹相依为命。从此，贫穷和饥饿像影子那样不离左右。上初中时，因为没能按时凑够学费，默涵与老师发生口角，被学校开除。病弱的母亲四处奔波，刘默涵终于在另一所中学复学了，但一向性情温柔的她变得沉默、尖锐，像只刺猬，动辄便向他人发起攻击。

"如果不是遇到丁老师，当时已经厌学的我根本考不上大学，更重要的是，很可能仍然在仇恨和怨怼中挣扎。"提到新初中的班主任丁俊芬老师，刘默涵心中就充满感激之情。

丁老师了解了这个女孩的辛酸生活经历时动情了："那么小就失去父亲太可怜了，被学校开除对她的打击太大了。对于贫困和心理有问题的孩子，做老师的应该付出更多的心血。"

丁老师决心为孩子重塑自信。刘默涵说她一辈子都不会忘记丁老师那改变了她人生的话："这个世界上比你苦的人有很多，你永远都不是最苦的那一个；但是通过努力，你可以做最幸福的一个！"

"生活苦不是放弃的理由"

2003年，19岁的刘默涵考上了北大，这个天大的喜讯，却成了对她的严峻考验。母亲说："把房子卖了吧，说什么我也要供你读大学。"刘默涵抹着眼泪坚决反对。

关键时刻，一双双援助之手从四面八方伸出：河北省福利彩票中心向她捐助了3 000元，左邻右舍和亲戚朋友们从自己本不宽裕的收入中拿出一大堆各种面值的零钞。数千元学费奇迹般地凑齐了。

到学校的第二个月，默涵便在学姐的帮助下找了一份家教工作。

为了省钱，默涵"规定"自己一天只吃3元钱的饭菜。她利用周末到博物馆做解说员，晚上顾不上回宿舍又匆匆赶去做家教。冬天，骑车返回的路上，凛冽的寒风打在脸上，灌进衣服里，胃也饿得直痛。她流着泪告诉自己，生活苦不是放弃的理由。

刘默涵不仅完全解决了自己上学的各种费用，还每年都带回1 500元供家用，并给妹妹攒够了上大学第一年的几千元学费。

让心灵走出贫困

北京大学助学工作办公室主任杨爱民说，贫困群体往往要面临比富裕群体更多的挫折感。"刘默涵的经历最令人深思的是：在被不幸击中时，灵魂如何保持站立的姿势？在走出物质贫困的同时，如何让心灵也走出贫困？"

人们对于自强自立的品格总是怀有真诚的敬意和爱护。女同学说穿着朴素的刘默涵是《大长今》中李英爱那样的"氧气美女",不靠外包装;而相识的男同学对她比对那些外表更加漂亮的女生还要热情、礼貌。

马秀娟说:"默涵最吸引人的地方是她的善良和永远为别人着想。她自己受过苦,所以特别不希望别人也受苦。"

家境优裕的北京女孩樊华说:"像刘默涵这样的朋友特别值得珍视,她让我看世界有了新的眼光。"

"默涵助学金"资助37人

2005年寒假回家,刘默涵在无极县中学的大力支持下,通过办学习班筹到了4 110元,为14名家境贫困的高中生分别发放了100元、200元不等的助学金。这次行动成为"默涵助学金"的发端。

当地媒体报道了这件事后,刘默涵接到了千余条手机短信和100多个电话。很多人表示要直接捐助刘默涵本人。一位女士在电话里说:"默涵,我不想让你这样的好孩子太苦自己,我希望你能过得轻松点。"

刘默涵说:"人们的好意常常感动得我直想哭,可我不能接受。"她婉言说服人们将善款投到"默涵助学金"上。

迄今,她用"默涵助学金"筹到的12 700元资助了37名同学,同时还为4位同学找到了长期资助人。

——《天津日报》,http://www.sina.com.cn,2006-5-29

【思考讨论】

(1) 刘默涵是怎么由"一只刺猬"变成各方面都"不得了"的阳光女孩的?
(2) 谈谈自己如何在大学生活中展示自我形象,"让灵魂永远保持站立姿势"?

【案例点评】

贫困是可怕的敌人。没有被贫困击倒,并走出自己的一片天地的人,是灵魂站立起来的人。父死母病,生活无着,加上学校、老师的歧视,曾经使年幼的刘默涵变得尖锐、狭隘,"像只刺猬";而丁老师对她的关怀和循循善诱,社会的慷慨相助,进入大学后老师、同学的理解和友爱,造就了今天的刘默涵——一个活泼宽厚、乐于助人,各方面都"不得了"的当代大学生。刘默涵这个在贫困的生存环境中自立自强的故事,透露出的更深层意蕴则是:贫穷,可能扭曲人格,使人变得自暴自弃,也可能成为奋发向上的动力,使人变得坚强、仁慈。从这个故事中我们可以看出,走出心灵的贫困比走出物质的贫困更为重要。站直了,你就是一个大写的"人",你的世界就会变得阔大而多彩——贫穷会成为你前进的助推器。

刘默涵在自立之余,没有满足于一己之足,而是怀着感恩的心,将社会对自己的捐助与关爱反哺社会,救助更多的尚在贫困线上挣扎的兄弟姐妹,也在向社会昭示着一种知恩图报的感恩之心,引导更多人向善,这在感恩文化薄弱的社会是一次难得的"精神洗礼"。

刘默涵视野开阔、胸怀宽广,用灵魂感动中国,让更多的人的灵魂站起来。她向社会树立起了"知行统一、脚踏实地"的当代大学生的崭新形象。

【教学建议】

本案例通过讲述北京大学女生刘默涵自立自强，于贫困中资助他人反哺社会的故事，教育当代大学生，贫困一样可以成为人们奋发向上的动力，使人变得仁慈、坚强；引导大学生如何在贫困中保持心灵的富有，如何使卑微的人生变得博大，如何在新时代塑造自立自强、服务人民的大学生崭新形象。

案例二　俞敏洪在北大校庆上的演讲

【案例呈现】

大家上午好！（掌声）

非常高兴许校长给我这么崇高的荣誉，谈一谈我在北大的体会。

可以说，北大是改变了我一生的地方，是提升了我自己的地方，使我这个农村孩子最后走向了世界的各个地方。毫不夸张地说，没有北大，肯定就没有我的今天。北大给我留下了一连串美好的回忆，大概也留下了一连串的痛苦。我正是在美好和痛苦中间，在挫折、挣扎和进步中间，最后找到了自我，开始为自己、为家庭、为社会能做一点事情。

学生生活是非常美好的，有很多美好的回忆。我还记得我们班有一个男生，每天都在女生的宿舍楼下拉小提琴，（笑声）希望能够引起女生的注意，结果后来被女生扔了水瓶子。我还记得我自己为了吸引女生的注意，每到寒假和暑假都帮着女生扛包。（笑声、掌声）后来我发现那个女生有男朋友，（笑声）我就问她为什么还要让我扛包，她说为了让男朋友休息一下（笑声、掌声）。我也记得刚进北大的时候我不会讲普通话，全班同学第一次开班会的时候互相介绍，我站起来自我介绍了一番，结果我们的班长站起来跟我说："俞敏洪你能不能不讲日语？"（笑声）我后来用了整整一年时间，拿着收音机在北大的树林中模仿广播台的播音，但是到今天普通话还依然讲得不好。

人的进步可能是一辈子的事情。在北大是我们生活的一个开始，而不是结束。有很多事情特别让人感动。比如说，我们很有幸见过朱光潜教授。在他最后的日子里，是我们班的同学每天轮流推着轮椅在北大里陪他一起散步。（掌声）每当我推着轮椅的时候，我心中就充满了对朱光潜教授的崇拜，一种神圣感油然而生。所以，我在大学看书最多的领域是美学。因为他写了一本《西方美学史》，是我进大学以后读的第二本书。

为什么是第二本呢？因为第一本是这样来的，我进北大以后走进宿舍，我有个同学已经在宿舍。那个同学躺在床上看一本书，叫作《第三帝国的兴亡》。所以我就问了他一句话，我说："在大学还要读这种书吗？"他把书从眼睛上拿开，看了我一眼，没理我，继续读他的书。这一眼一直留在我心中。我知道进了北大不仅仅是来学专业的，还要读大量大量的书，你才能够有资格把自己叫作北大的学生。（掌声）所以我在北大读的第一本书就是《第三帝国的兴亡》，而且读了三遍。后来我就去找这个同学，我说："咱们聊聊《第三帝国的兴亡》吧？"他说："我已经忘了。"（笑声）

我也记得我的导师李赋宁教授，原来是北大英语系的主任，他给我们上《新概念英语》

第四册的时候，每次都把板书写得非常的完整，非常的美丽，永远都是从黑板的左上角写起，等到下课铃响起的时候，刚好写到右下角结束。（掌声）我还记得我的英国文学史的老师罗经国教授，我在北大最后一年心情不好，导致考试不及格。我找到罗教授说："这门课如果我不及格就毕不了业。"罗教授说："我可以给你一个及格的分数，但是请你记住了，未来你一定要做出值得我给你分数的事业。"（掌声）所以，北大老师的宽容、学识、奔放、自由，让我们真正能够成为北大的学生，真正能够得到北大的精神。当我听说许智宏校长对学生唱《隐形的翅膀》的时候，我打开视频，感动得热泪盈眶，因为我觉得北大的校长就应该是这样的。（掌声）

我记得自己在北大的时候有很多的苦闷。一是普通话不好，二是英语水平一塌糊涂。尽管我高考经过三年的努力考到了北大——因为我落榜了两次，最后一次很意外地考进了北大。我从来没有想过北大是我能够上学的地方，她是我心中一块圣地，觉得永远够不着。但是那一年，第三年考试时我的高考分数超过了北大录取分数线七分，我终于下定决心咬牙切齿填了"北京大学"四个字。我知道一定会有很多人比我分数高，我认为自己是不会被录取的。没想到北大的招生老师非常富有眼光，料到了三十年后我的今天。（掌声）但是实际上我的英语水平很差，在农村既不会听也不会说，只会背语法和单词。我们班分班的时候，五十个同学分成三个班，因为我的英语考试分数不错，就被分到了A班，但是一个月以后，我就被调到了C班。C班叫作"语音语调及听力障碍班"。（笑声）

我也记得自己进北大以前连《红楼梦》都没有读过，所以看到同学们一本一本书在读，我拼命地追赶。结果我在大学差不多读了八百多本书，用了五年时间（掌声）。但是依然没有赶超上我那些同学。我记得我的班长王强是一个书癖，现在他也在新东方，是新东方教育研究院的院长。他每次买书我就跟着他去，当时北大给我们每个月发二十多元钱生活费，王强有个癖好就是把生活费一分为二，一半用来买书，一半用来买饭菜票。买书的钱绝不动用来买饭票。如果他没有饭菜票了就到处借，借不到就到处偷。（笑声）后来我发现他这个习惯很好，我也把我的生活费一分为二，一半用来买书，一半用来买饭菜票，饭票吃完了我就偷他的。（笑声、掌声）

毫不夸张地说，我们班的同学当时在北大，真是属于读书最多的班之一。而且我们班当时非常的活跃，光诗人就出了好几个。后来挺有名的一个诗人叫西川，真名叫刘军，就是我们班的。（掌声）我还记得我们班开风气之先，当时是北大的优秀集体，但是有一个晚上大家玩得高兴了，结果跳起了贴面舞，第二个星期被教育部通报批评了。那个时候跳舞是必须跳得很工规的，男女生稍微靠近一点就认为违反风纪。所以你们现在比我们当初要更加幸福一点。不光可以跳舞，而且可以手拉手地在校园里面走，我们如果当时男女生手拉手在校园里面走，一定会被扔到未名湖里，所以一般都是晚上十二点以后再在校园里面走。（笑声、掌声）

我也记得我们班五十个同学，刚好是二十五个男生二十五个女生，我听到这个比例以后当时就非常的兴奋（笑声），我觉得大家就应该是一个配一个。没想到女生们都看上了那些外表英俊潇洒、风流倜傥的男生。像我这样外表不怎么样、内心充满丰富感情、未来有巨大发展潜力的，女生一般都看不上。（笑声、掌声）

我记得我奋斗了整整两年希望能在成绩上赶上我的同学，但是就像刚才吕植老师说的，你尽管在中学高考可能考得很好，是第一名，但是北大精英人才太多了，你的前后左右可能都是智商极高的同学，也是各个省的状元或者说第二名。所以，在北大追赶同学是一个非常艰苦的过程，尽管我每天几乎都要比别的同学多学一两个小时，但是到了大学二年级结束的时候我的成绩依然排在班内最后几名。非常勤奋又非常郁闷，也没有女生来爱我安慰我。（笑声）这导致的结果是，我在大学三年级的时候得了一场重病，这个病叫作传染性侵润肺结核。当时我就晕了，因为当时我正在读《红楼梦》，正好读到林黛玉因为肺结核吐血而亡的那一章，（笑声）我还以为我的生命从此结束，后来北大医院的医生告诉我现在这种病能够治好，但是需要在医院里住一年。我在医院里住了一年，苦闷了一年，读了很多书，也写了六百多首诗歌，可惜一首诗歌都没有出版过。从此以后我就跟写诗结上了缘。我这个人有丰富的情感，但是没有优美的文笔，所以终于没有成为诗人。后来我感到非常的庆幸，因为我发现真正成为诗人的人后来都出事了。我们跟当时还不太出名的诗人海子在一起写过诗。后来他写过一首优美的诗歌，叫作《面朝大海，春暖花开》，我们每一个同学大概都能背。后来当我听说他卧轨自杀的时候，号啕大哭了整整一天。从此以后，我放下笔，再也不写诗了。（掌声）记得我在北大的时候，到大学四年级毕业时，我的成绩依然排在全班最后几名。但是，当时我已经有了一个良好的心态。我知道我在聪明上比不过我的同学，但是我有一种能力，就是持续不断的努力。所以在我们班的毕业典礼上我说了这么一段话，到现在我的同学还能记得，我说："大家都获得了优异的成绩，我是我们班的落后同学。但是我想让同学们放心，我决不放弃。你们五年干成的事情我干十年，你们十年干成的我干二十年，你们二十年干成的我干四十年"。（掌声）我对他们说："如果实在不行，我会保持心情愉快、身体健康，到八十岁以后把你们送走了我再走。"（笑声、掌声）

有一个故事说，能够到达金字塔顶端的只有两种动物，一是雄鹰，靠自己的天赋和翅膀飞了上去。我们这儿有很多雄鹰式的人物，很多同学学习不需要太努力就能达到高峰。很多同学后来可能很轻松地就能在北大毕业以后进入哈佛、耶鲁、牛津、剑桥这样的名牌大学继续深造。有很多同学身上充满了天赋，不需要学习就有这样的才能，比如说我刚才提到的我的班长王强，他的模仿能力就是超群的，到任何一个地方，听任何一句话，听一遍模仿出来的绝对不会两样。所以他在北大广播站当播音员当了整整四年。我每天听着他的声音，心头咬牙切齿充满仇恨。（笑声）所以，有天赋的人就像雄鹰。但是，大家也都知道，有另外一种动物，也到了金字塔的顶端。那就是蜗牛。蜗牛肯定只能是爬上去。从底下爬到上面可能要一个月、两个月，甚至一年、两年。在金字塔顶端，人们确实找到了蜗牛的痕迹。我相信蜗牛绝对不会一帆风顺地爬上去，一定会掉下来、再爬、掉下来、再爬。但是，同学们所要知道的是，蜗牛只要爬到金字塔顶端，它眼中所看到的世界，它收获的成就，跟雄鹰是一模一样的。（掌声）所以，也许我们在座的同学有的是雄鹰，有的是蜗牛。我在北大的时候，包括到今天为止，我一直认为我是一只蜗牛。但是我一直在爬，也许还没有爬到金字塔的顶端。但是只要你在爬，就足以给自己留下令生命感动的日子。（掌声）

我常常跟同学们说，如果我们的生命不为自己留下一些让自己热泪盈眶的日子，我们的生活就是白过的。我们很多同学凭着优异的成绩进入了北大，但是北大绝不是你们学习的终点，而是你们生命的起点。在一岁到十八岁的岁月中间，你听老师的话、听父母的话，现在你真正开始了自己的独立生活。我们必须为自己创造一些让自己感动的日子，我们才能够感动别人。我们这儿有富裕家庭来的，也有贫困家庭来的，我们生命的起点由不得你选择出生在富裕家庭还是贫困家庭，如果你生在贫困家庭，你不能说老爸给我收回去，我不想在这里待着。但是我们生命的终点是由我们自己选择的。我们所有在座的同学过去都走得很好,已经在十八岁的年龄走到了很多中国孩子的前面去,因为北大是中国的骄傲,也可以说是世界的骄傲。但是,到北大并不意味着你从此大功告成,并不意味着你未来的路也能走好,后面的五十年、六十年,甚至一百年你该怎么走,成了每一个同学都要思考的问题。就本人而言,我觉得只要有两样东西在心中,我就能成就自己的人生。

第一样叫作理想。我从小就有一种感觉,希望穿越地平线走向远方,我把它叫作"穿越地平线的渴望"。也正是因为这种强烈的渴望,使我有勇气不断地高考。当然,我生命中也有榜样。比如我有一个邻居,非常的有名,是我终生的榜样,他的名字叫徐霞客。当然,是五百年前的邻居。但是他确实是我的邻居,江苏江阴的,我也是江苏江阴的。因为崇拜徐霞客,所以我在高考的时候地理成绩考了九十七分。(掌声)也是徐霞客给我带来了穿越地平线的这种感觉,所以我也下定决心,如果徐霞客走遍了中国,我就要走遍世界。而我现在正在实现自己这一梦想。所以,只要你心中有理想,有志向,同学们,你终将走向成功。你所要做到的就是在这个过程中要有艰苦奋斗、忍受挫折和失败的能力,要不断地把自己的心胸扩大,才能够把事情做得更好。

第二样东西叫良心。什么叫良心呢?就是要做好事,要做对得起自己对得起别人的事情,要有和别人分享的姿态,要有愿意为别人服务的精神。有良心的人会从你具体的生活中间做的事情体现出来,而且你所做的事情一定对你未来的生命产生影响。我来讲两个小故事,讲完我就结束我的讲话,已经占用了很长的时间。

第一个小故事。有一个企业家和我讲起他大学时候的一个故事,他们班有一个同学,家庭比较富有,每个星期都会带六个苹果到学校来。宿舍里的同学以为是一人一个,结果他是自己一天吃一个。尽管苹果是他的,不给你也不能抢,但是从此他给同学留下一个印象,就是这个孩子太自私。后来这个企业家做成功了事情,而那个吃苹果的同学还没有取得成功,就希望加到这个企业家的队伍里来。但后来大家一商量,说不能让他加盟,原因很简单,因为在大学的时候他从来没有体现过分享精神。所以,对同学们来说在大学时代的第一个要点,你得跟同学们分享你所拥有的东西,感情、思想、财富,哪怕是一个苹果也可以分成六瓣大家一起吃。(掌声)因为你要知道,这样做你将来能得到更多,你的付出永远不会是白白付出的。

我再来讲一下我自己的故事。在北大当学生的时候,我一直比较具备为同学服务的精神。我这个人成绩一直不怎么样,但我从小就热爱劳动,我希望通过勤奋的劳动来引起老师和同学的注意,所以我从小学一年级就一直打扫教室卫生。到了北大以后我养成了一个良好的习惯,每天为宿舍打扫卫生,这一打扫就打扫了四年。所以我们宿舍从来没排过卫生值日表。另外,我每天都拎着宿舍的水壶去给同学打水,把它当作一种体育锻炼。大家看我打水习惯了,最后还产生这样一种情况,有的时候我忘了打水,同学就说"俞敏洪怎么还不去打水"。(笑声)但是我并不觉得打水是一件多么吃亏的事情。因为大家都是一起学习,互相帮助是理所当然的。同学们一定认为我这件事情白做了。又过了十年,到了1995年年底的时候新东方做到了一定规模,我希望找合作者,结果就跑到了美国和加拿大去寻找我的那些同学,他们在大学的时候都是我生命的榜样,包括刚才讲到的王强老师等。我为了诱惑他们回来还带了一大把美元,每天在美国非常大方地花钱,想让他们知道在中国也能赚钱。我想大概这样就能让他们回来。后来他们回来了,但是给了我一个十分意外的理由。他们说:

"俞敏洪，我们回去是冲着你过去为我们打了四年水。"（掌声）他们说："我们知道，你有这样的一种精神，你有饭吃肯定不会给我们粥喝，所以让我们一起回中国，共同干新东方吧。"这才有了新东方的今天。（掌声）人的一生是奋斗的一生，但是有的人一生过得很伟大，有的人一生过得很琐碎。如果我们有一个伟大的理想，有一颗善良的心，我们一定能把很多琐碎的日子堆砌起来，变成一个伟大的生命。但是如果你每天庸庸碌碌，没有理想，从此停止进步，那么未来你一辈子的日子堆积起来将永远是一堆琐碎。所以，我希望所有的同学能把自己每天平凡的日子堆砌成伟大的人生。

最后，我代表全体老校友向在座的三千多位新生表一个心意，我代表全体老校友和新东方把两百万人民币捐给许校长，为在座同学们的学习、活动和成长提供一点帮助。（掌声）

【思考讨论】

（1）请分析一下俞敏洪大学生活的管理，结合自己的职业生涯规划谈及大学的学习方向和目标。

（2）谈谈你对"把自己每天平凡的日子堆砌成伟大的人生"这句话的理解。

【案例点评】

俞敏洪的大学生活是成功的，虽然一路充满困难险阻，但他有着成功的大学生活这是一个无法否定的事实。俞敏洪在北京大学2008年校庆上风趣幽默地发言时用自己的经历和在北大校园的所见所闻所想来感触祖国的又一代英才。大学是人生中的关键时期，大学应该如何度过？这篇演讲以一个成功人士的角度反观大学时期在个人成长经历中的重要战略位置，提出了应该懂得的为人之道、处世之道、学习之道。大学中时间看似很多，实则不足，全面学习的理念在入学之初就该被牢牢地固定在头脑中，不要让虚度光阴、追悔莫及的遗憾在我们身上上演。

【教学建议】

本案例借俞敏洪在北大百年校庆上的风趣的讲话引发在校新生思考如何度过自己的大学生活，以什么样的心态来面临大学学习中将会遇到的各种挑战。通过教学使学生明白别人的教训也是你自己的教训，人生时间有限，切勿浪费生命。大学生活转瞬即逝，读书、做事、共处、做人，你的能力就体现在这些方面。你的进步就体现在每一点积累和学习上。

案例三 在"冷门专业"里预支幸福

【案例呈现】

镜头一：看别人的"脸色"，也是好专业

"萨达姆有没有大规模杀伤性武器？假设他有，根据他的性格经历，请你分析他是否会动用或交出这些武器？"我掷出了这个"调皮"的话题，教室里的气氛一下子活跃起来，学员们兴奋地开始了讨论。随着心理培训课程的不断深入，这些人力资源部经理将掌握更多与员工沟通的技巧，实现公司内部的有机平衡。更让我欣慰的是，我曾经厌倦退缩的专业已然开花结果。

多年以前，我收到大学通知书那天，是我悲喜交加的一天，我没考上第一志愿"经济"专业，而是被调剂到第二志愿"心理"专业。这使我陷入了无边的沮丧，尽管多年以后的事实证明这不过是闭塞山区信息不畅造成的"情报误读"，要我一个大男人，成天研看别人的"脸色"云山雾罩吗？

真正投身学习之后，我发现，它并不是我想象的那样晦涩、分裂、支离破碎、扑朔迷离，我更不是成天被"变态""癔症""呓语"这样的词汇纠缠。我在"心理学科"这一科学、健康、有序的理论系统内稳定运行。"应用心理学"更与现实生活丝丝入扣，"从站立姿势分析他们的相恋程度"，"从他进入招聘房间之前的种种细节判断这个人是不是理想中的求职心态"，这些看似浅显的现象，我们是从理论高度上去把握它们的。

在后来的求职过程中，我这个学心理专业的人，更是做到"知己知彼，百战不殆"。我冲着一家大公司的"人事职位"投去了简历，电话通知很快就到了，我注意到秘书小姐声音微微发颤、急促，便用轻松亲切的语调同她说："您这几天情绪是不是比较紧张？要注意休息。"她惊讶极了："没错，这一周来天天加班，每天都要写报告，累死了"。

等我准时到达招聘房间后，主考官看着我眯眯笑："你就是那个'心理大师'？来，你替我分析看，我是什么样的人……"我当然不会没礼貌地对考官品头论足，不过，那天的话题却是围绕"有趣的心理实验"和"如何调节公司里的员工情绪"而展开，比如，能否模拟加拿大麦克吉尔大学的"感觉剥夺"实验，让员工在不能与外界有任何接触的环境中待上半天，他们在百无聊赖之后会更深切地认识到，"只有通过更广泛的接触，才可能更多地拥有力量，更好地发展。"这一招对激励销售人员走出低谷、屡败屡战，尤其有用……

如今心理学科已经成了一门热门学科，在压力巨大的时代，不管是企业、个人都需要专业的咨询和"治疗"。今天的我，庆幸当初的误打误撞和之后的坚持，时代趋势不断变化，"冷门"也会变"热门"。

镜头二：强扭的瓜也甜

上我理想的大学，学我所爱的专业，创立自己的公司，这就是我当初高考的目标和动力。而我现在是一名国防生，至于我为什么会当国防生、为什么会换一个专业，却有着一段抹不去的回忆。

高考结束，填报志愿时过分谨慎，我没能如愿进入清华大学。同学安慰我说，大学只不过是我们登上社会舞台的一个跳板罢了，跳板的质量再差，也不至于会让我们站在上面就会压断它，我们所需要做的就是尽量跳得更高！而且，专业还是我喜欢的专业，想到此，我心里多少有点宽慰了。

然而，交完6 000多元的学费和1 000元的住宿费后，我所剩的钱已经寥寥无几了，生活没保障，我感到了一定的压力。3个月后，正好学校要求每个班至少推选一个申请报国防生，最好是让家庭条件比较差的同学报名，班主任和几个同学商量后都推选了我。当国防生的好处是有国防奖学金，再就是可以在全校范围内任选专业，但毕业后，工作地点、单位必须服从分配，几年之内不能跳槽（听说）。这对我来说非常痛苦。

我一心想在北京这座大城市发展，如果毕业后被分到什么偏远的地方，那我的梦想不就全泡汤了吗？但考虑到自己的家境，想到父母身上沉重的负担，我终于还是报了国防生。

许多个夜晚，我在想，别人都是因为对原来的专业不满意才通过申请国防生这个渠道来转专业的，而我难道仅因贫穷就放弃原先的目标吗？我开始了反抗，撒尽一切谎想方设法退出国防生，但都没有成功。就这样一个强扭的瓜不得不在一块新土地上面生根发芽了。

而现在，我才明白，其实一切都不是我想象的那样。当国防生的日子让我收获到了很多。每逢训练，我都能实实在在地感到一种叫作"超越自我"的东西。当兵之前，看着自己不高的个头、瘦弱的身形，站在高个子面前有时还有些许自卑呢。现在就不会，一年下来，内心练就出的那股毅力和坚韧，时时在告诉我自己"我能"！

国防生的生活有不少东西都是很难得的经验，有许多感受都是常人无法体会和理解的。这些在部队里得到的意志、经历和办事思维都会为我今后事业的发展打好基础。

如果再让我重新选择，我还是会选择当国防生，只不过理由绝对不是贫穷。

镜头三：曾经进过哲学系

5年前的8月，我收到了期盼已久的大学录取通知书，但当我在全家人的喜悦中拆开信封时，无疑遭到了当头一棒，录取我的是哲学系，而不是至爱的中文！哲学？天哪！我的出路在哪儿？当时的我甚至认为，十年寒窗的努力都付之东流了。

这种情绪让我在开学后一直没有找到学习的感觉，直到两个月后，我发现自己才真正地接触到了哲学。记得当时开设的课程有人生哲学、逻辑学、科技哲学，等等。刚开始对这些课我很茫然，难道它们也属于哲学？科技也有哲学？建筑也有哲学？甚至工业、经济、军事中都包括了哲学？这倒引起了我的兴趣。在课上我似乎远离了哲学本身，因为我同样找到文学、历史，也看到了自然科学。

不过一年后，我还是转系离开了，也许对哲学仅仅是兴趣，而中文才是追求，但在此后的生活中我体会到了自己的变化，我对周围的世界敏感起来，善于在思考中寻找快乐、思考人、思考环境、思考自己、思考生命，思考一切可以思考的东西。

于是我开始领悟"哲学是智慧之学"的说法了。

中文让我获得的是知识，而哲学赋予我的是一种智慧。智慧隐含于内，不像诗词歌赋一般可以拿来炫耀，但它的优势只有自己可以体会。

毕业那年我报考了公务员，公务员的考试是对逻辑和思维的考查，是对人处事能力的评判。当我运用哲学的思维去思考事态，运用深度挖掘的哲学方法去应对考题的时候，猛然发现，其实在这一道道看似简单的题目背后，都潜藏着巨大的陷阱，而带我绕过陷阱的正是我那智慧指示牌。

不过，公务员只是我人生道路上一个选择。后来，我还是回高校继续进修。良好的哲学思维让我在学术专业的研究上如鱼得水。当然，人生道路还很漫长，哲学带来的财富我才挥霍了九牛一毛。

现在想想，曾经进过哲学系，对我来说真是不小的福气。

【思考讨论】

（1）你所学的专业是"冷门"专业还是"热门"专业？你划分的依据是什么？

（2）"上了大学，我不喜欢自己的专业"是许多大学生的真实感受，对此，你有什么好的建议？

【案例点评】

赤橙黄绿青蓝紫，哪个颜色最美呢？很多人喜欢红色，那么就可以说红色最美吗？当到处都是一抹红的时候，任何其他颜色都会成为人们争相追逐的宠儿。人，包括人类社会，会不自觉地摆荡在天平的两端，但从不静止。

在大学中，现阶段普遍被人们看好的"热门"专业会挤得头破血流。也许因为它现在就业前景好，也许因为它给从业人员带来丰厚利润，也许因为它更体面；但当许多人都来分热门专业的大蛋糕时，谁来保证毕业时蛋糕依然热乎，谁能确定芸芸众生中自己可以脱颖而出？大学生选择专业结合社会需求无可厚非，这是专业的普遍性；但也要有自己独特的个性在里面，这是专业的特殊性。

人的天分各有不同，选择一个适合自己的专业才是明智的。当然，说起来容易，没有衡量"适合"程度的尺子。只有当你完全投入其中，将自己的聪明才智结合到专业中看自己是否可以饶有兴趣，运用灵活，你自己就清楚了。进入大学，你拥有了徜徉知识海洋的条件和时间，只要你善加利用，就可以为自己寻找到合适的方向。但这个尝试的过程必须由你自己完成，这是一个期望干一番事业的人不可逃避的问题。大学生活，是一块沃土，等待着有志者去耕耘；否则再肥沃的土壤也会荒废。大学生活，也许你并不满意，但还决不至于一无是处；大学生活也许你并未察觉，但它的确是个充满智慧的宝藏。大学生活，以更加深刻的记忆留存，为你谱写青春的经过。大学的时光，需要你的珍惜，而不是抱怨；大学的精华，等待你的发现。

【教学建议】

为没有学到心仪专业而苦恼是大学生入学适应阶段第一个普遍存在的现象。如果心理调适不当，很可能会影响学生整个大学的生活状态。

本案例展示了考入冷门专业的大学生是如何调整最初的消极心态，又是如何在冷门专业里发现兴趣、勤奋学习、学有所成的。通过本案例的教学，使学生明确专业的选择不能盲目，也不要消极。没有最好的专业，只有最适合的。每门学科中都有无限的智慧等待人类发掘，对于刚开始没有兴趣的专业，勿一味抱怨，应调整心态，积极发现兴奋点，同样可以开创一片事业的天空。

视频资料

（1）案例"赵小亭：载梦'黔'行 绽放生命之花"视频请扫描此二维码。

(2) 案例"大学精神"视频请扫描此二维码。

(3) 微视频:"绪论——01 起航新时代"。

(4) 微视频:"绪论——02 中国梦"。

考考你

一、单项选择（请将正确答案的字母填写在括号内）

1. 党的十九大对青年学生提出了（　　）的战略要求。
   A. 培养担当民族复兴大任的时代新人　　B. 全面建成社会主义现代化强国
   C. 展现新的时代风采　　　　　　　　　D. 天下兴亡，匹夫有责
2. 做有理想有本领有担当的时代新人，必须具备良好的思想道德素质和（　　）
   A. 沟通能力　　　B. 文化素质　　　C. 思想素质　　　D. 法治素养
3. 中国梦是国家的、民族的、也是每一个（　　）的梦。
   A. 中国人　　　　B. 革命者　　　　C. 建设者　　　　D. 改革者

二、多项选择（请将正确答案的字母填写在括号内）

1. 中国梦是（　　）、（　　），也是未来的。
   A. 历史的　　　　B. 现在的　　　　C. 现实的　　　　D. 过去的
2. 有信念、有（　　）的人生，才是有意义的人生。
   A. 梦想　　　　　B. 奋斗　　　　　C. 奉献　　　　　D. 进取
3. "思想道德修养与法律基础"，是一门融（　　）性于一体的思想政治理论课。

A. 思想性　　　　B. 政治性　　　　C. 科学性　　　　D. 理论性
E. 实践性

三、判断对错（在括号内填写答案，正确的填写 T，错误的填写 F）

1. 学习本课程，有助于大学生领悟人生真谛，坚定理想信念，践行社会主义核心价值观。（　　）
2. 良好的思想道德素质和法治素养，是在实践中升华、外化中完善、他律中养成。（　　）
3. 当代大学生是民族复兴伟大进程的见证者和参与者，也是社会主义事业的生力军。（　　）
4. 青年兴同国家兴，中年强则国家强。（　　）
5. 理想指引人生方向，信念决定事业成败。（　　）

参考答案
一、单项选择 1. A　2. D　3. A 二、多项选择 1. AC　2. ABC　3. ABCDE 三、判断对错 1. T　2. F　3. T　4. F　5. T

第一章 人生的青春之问

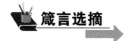 箴言选摘

知人者智，自知者明。

——老子

一个人的价值，应当看他贡献什么，而不应当看他取得什么。

——爱因斯坦

一个人的生命是宝贵的，但是一代的真理更宝贵，生命牺牲了而真理昭然于天下，这死是值得的。

——鲁迅

"青年的人生之路很长，前进途中，有平川也有高山，有缓流也有险滩，有丽日也有风雨，有喜悦也有哀伤。心中有阳光，脚下有力量，为了理想能坚持、不懈怠，才能创造无愧于时代的人生。"

——习近平

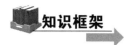 知识框架

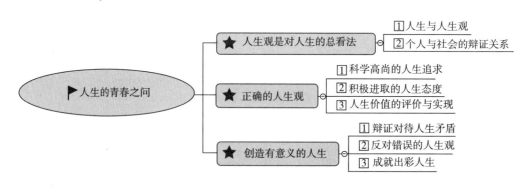

理论导学

【知识目标】

1. 了解马克思主义人生问题的基本立场和观点,树立正确的世界观、人生观和价值观。
2. 明确人生目的、人生态度和人生价值对大学生成才的重要意义。
3. 明确自我评价、自我激励、自我实践在创造有价值人生中的作用。
4. 明确处理好人与人、人与自然、人与社会之间的共生关系的重要性。

【能力目标】

1. 帮助大学生克服不良心理,端正人生态度,树立积极进取乐观向上的人生观和价值观。
2. 帮助大学生找到自我,摆正自己位置,努力学习,为将来顺利实现人生目标奠定夯实的认识基础。
3. 帮助大学生正确把握人生价值的评价标准,科学处理好自我价值和社会价值二者之间的关系,在服务社会中创造有价值的人生。
4. 帮助大学生学会在自我体验、自我调整、自我控制的方式下监控调节自己的认识活动,提高学习效率,使行为符合群体规范,符合社会道德要求。

【素质目标】

1. 自觉端正人生态度,追求高尚的人生目的,自觉抵制各种错误人生观的影响,树立科学、高尚的为人民服务的人生观。
2. 科学对待人生环境,正确对待人生中的顺境和逆境促进个人与社会的和谐;促进人与自然的和谐。
3. 怀着感恩的心对待生活和学习,以极大的热情奉献社会,在参与社会实践中创造人生价值。

【教学重点】

人生观与价值观的科学内涵及辩证关系,树立积极进取的人生态度;创造有价值的人生。

【教学难点】

人生价值的标准与评价;正确处理好自我价值和社会价值二者之间的关系;在服务社会、贡献社会中创造有价值的人生。

知识梳理

一、人生观是对人生的总看法

（一）人生与人生观

1. 正确认识人的本质

马克思说："人的本质不是单个人所固有的抽象物，在其现实性上，它是一切社会关系的总和。"

2. 人生观的主要内容

人生观的主要内容包括人生目的、人生态度和人生价值。

3. 人生观与世界观

世界观决定人生观，有什么样的世界观就会有什么样的人生观。

（二）个人与社会的辩证关系

（1）个人与社会的关系问题是认识和处理人生问题的重要着眼点和出发点。

（2）个人与社会的关系最根本的是个人利益与社会利益的关系。

二、正确的人生观

（一）科学高尚的人生追求

"服务人民，奉献社会"的思想以其科学而高尚的品质，代表了人类社会迄今最先进的人生追求。

（二）积极进取的人生态度

1. 人生须认真

以认真的态度对待人生，就是要严肃思考人的生命应有的意义，清醒地看待生活，积极认真地面对生活。

2. 人生当务实

从人生的实际出发，以科学的态度看待人生。

3. 人生应乐观

乐观豁达、热爱生活，对人生充满自信，体现了对自己、对生活、对社会的积极态度。

4. 人生要进取

只有适应历史发展的趋势，以开拓进取的态度迎接人生的各种挑战，才能不断领悟美好人生的真谛，体验生活的快乐和幸福。

（三）人生价值的评价与实现

1. 正确评价人生价值
（1）坚持能力有大小与贡献须尽力相统一。
（2）坚持物质贡献与精神贡献相统一。
（3）坚持完善自身与贡献社会相统一。
2. 人生价值的实现条件
（1）实现人生价值要从社会客观条件出发。
（2）实现人生价值要从个体自身条件出发。
（3）不断增强实现人生价值的能力和本领。

三、创造有意义的人生

（一）辩证对待人生矛盾

（1）树立正确的幸福观。
（2）树立正确的得失观。
（3）树立正确的苦乐观。
（4）树立正确的顺逆观。
（5）树立正确的生死观。
（6）树立正确的荣辱观。

（二）反对错误的人生观

（1）反对拜金主义。
（2）反对享乐主义。
（3）反对极端个人主义。

（三）成就出彩人生

（1）与历史同行。
（2）与祖国同行。
（3）与人民同在。

教学模式建议

本章课时分配为8，教学方式为师生学习共同体、师生合作教学与理论教学。其中师生学习共同体学时为2、积分为2，师生合作教学学时为2、积分为5，理论教学学时为4、积分为6，师生合作教学与师生学习共同体要求教师应提前3周设计教学活动及面向广大学生下发活动方案、任务书。

 实践指南

项目一　高职院校大学生人生价值取向调查报告

【实践性质】　校内实践。

【实践目的】　通过对高职院校当今大学生对人生观和价值观的理解认识调查研究，更加全面地掌握大学生的思想动态、价值取向，发现当代大学生对人生观和价值观认知存在的问题和不足，围绕重点问题，帮助大学生走出思想认识误区，端正人生态度，树立正确的人生观和价值观，自觉承担社会责任，在服务社会、奉献社会的实践中创造有价值的人生。

【实践学时】　4学时。

【实践步骤及要求】

（1）以班级或学习小组为单位，利用课余时间，分别对在校大学生和已就业的大学生发放调查问卷，利用走访调查及网上调研等形式，收集撰写报告的相关资料。

（2）分析研究调查结果，在指导教师的帮助下形成一份具有针对性、有具体内容、有自主观点的调研报告，要求字数不少于1 500字。

（3）班级负责人对于完成调研活动相关情况进行总结并填写社会调研活动申请表。

项目二　"学习榜样，让青春在奉献中创造价值"——征文比赛

【实践性质】　校内实践。

【实践目的】　通过征文的撰写及评比，帮助大学生深刻理解人生的自我价值和社会价值的辩证关系，准确把握人生价值的评价标准和实现人生价值的条件，即在奉献社会的实践中创造有价值的人生，进一步帮助大学生端正人生态度，自觉抵制各种错误人生观的影响，树立科学、高尚的为人民服务的人生观与价值观。

【实践学时】　3学时。

【实践步骤及要求】

（1）根据本章教学内容要求，结合大学生对人生价值的理解和认识状况，授课教师面向全体学生开展以"学习榜样，让青春在奉献中创造价值"为主题征文活动的布置及讲解。

（2）每位同学上交字数不少于1 500字的征文一篇，要求用A4纸手写。

项目三　图书馆之行——"我的大学我做主"

为了提高大学生自主学习能力、资料收集与整理能力、创造性思维和实践动手能力，也为大学生提供一个展示自我的平台，同时增强大学生科学的自我认知与理性的探索能力，帮

助广大同学明确学习目的，端正学习态度，增强学习动力，做好大学生活规划，提前思考自己的未来，经院思政部研究决定，开展2018年图书馆之行——"我的大学我做主"教学活动，活动具体方案如下。

一、指导思想

适应新时代，适应学生个性发展，坚持以科学发展为导向、积极推进校园文化建设为指导思想，面对学习与生活、社会与未来职业，学会用自己的眼睛观察，沉下心来思考，让大学时光充实而不忙乱、紧张而不压抑、自由而不失控、多彩而不偏激。

二、活动主题

本次活动以"我的大学我做主"为主题，面向全校大一新学生征集与主题相关创意作品，作品形式如下：标语设计、诗歌鉴赏或原创、漫画制作、海报制作、手抄报、《×××》书籍推荐稿、职业生涯规划书七大形式。

三、活动对象

我院全体秋季新生。
注：以个人为单位。

四、活动要求

（1）要求我院全体秋季新生以个人为单位，从七大作品形式里选择一项，在图书馆定稿后，必须上交一份作品且完成任务书（表1-1）。

（2）作品必须以"我的大学我做主"为主题。

（3）所有作品：按要求用纸，所有作品均使用A4白纸，作品所需纸张、画笔等用品作者自备，作品请自留备份，上交作品一律不退还。作品右下角标明：分院+年级专业+姓名+学号。

（4）作品必须版权无争议，为作者本人所有，严禁侵权行为，参赛作品如违反肖像权、名誉权、隐私权、著作权、商标权等，涉及法律责任均由作者本人承担。作品拒绝国家法律、法规明令禁止的内容。

（5）作品的所有版权归创作者所有，主办方无偿拥有该作品相应的传播使用权，即有权对全部作品进行任何形式的对外推广，包括在电视媒体、网络平台、展播等，作者享有署名权。参赛作品有义务配合活动相关环节的宣传推介和展示。

（6）凡提交作品者，均视为自愿接受上述各项条款，本次活动的最终解释权归主办方。

（7）特殊说明：遵守国家法律法规，不含有涉及色情、暴力、种族与宗教歧视等国家有关法律法规禁止或与其抵触的内容。严禁恶搞红色经典及英雄人物、格调低俗的作品；严查价值导向偏差、含有法律法规禁止内容的作品，情节严重的，依法从重处理。要求学生严肃对待经典革命题材文化作品，尊重历史、敬重经典、礼赞英雄，自觉抵制和清除黄色等不良内容。

五、活动作品考核标准

作品评分细则参考如下。

（一）标语

（1）所上交作品必须原创，不可抄袭，可在已有作品基础上进行二次创作。如作品被发现有抄袭借鉴之嫌，将直接取消成绩。

（2）标语主题鲜明，朗朗上口，积极健康向上，富有感染力和一定号召性，创意独特新颖，具有一定的艺术感染力。被采用的优秀作品给予满分，其他作品由相应负责教师打分，录入实践成绩。

（3）上交作品用纸统一为 A4 白纸，用黑色碳素笔标准书写，纸张最上一行按顺序标明：分院＋年级专业＋姓名＋学号。

（4）选择此项形式的同学至少上交 5 条标语。

（二）诗歌

（1）所上交作品必须原创，不可抄袭，可在已有作品基础上进行二次创作。如作品被发现有抄袭借鉴之嫌，将直接取消成绩。

（2）突出"我的人生我做主"主题，思想健康，感情真挚，思想性和艺术性统一。体裁限定为诗歌（包括现代诗歌、古典诗词等诗歌体裁），长诗不超过 100 行。被采用的优秀作品给予满分，其他作品由相应负责教师打分，录入实践成绩。

（3）上交作品用纸为 A4 白纸打印，自己设计封面但需写明分院、年级、专业、姓名、学号，标题为二号字体居中排列，正文用小三号仿宋体。

（4）选择此项形式的同学至少上交 1 份作品。

（三）漫画

（1）所上交作品必须原创，不可抄袭，可在已有作品基础上进行二次创作。如作品被发现有抄袭之嫌，将直接取消成绩。

（2）主题鲜明，思想健康，思想性和艺术性统一。形式可以为单图、多图不限。被采用的优秀作品给予满分，其他作品由相应负责教师打分，录入实践成绩。

（3）上交作品要求为 A4 纸，黑白、彩色作品均可，自己设计，写明分院、年级、专业、姓名、学号；2 页书作品需根据作品自行装订，分院、年级、专业、姓名、学号要设计到第一页内。

（4）选择此项形式的同学至少上交 1 份作品。

（四）海报

（1）所上交作品必须原创，不可抄袭，可在已有作品基础上进行二次创作。如作品被发现有抄袭之嫌，将直接取消成绩。

（2）作品须紧扣主题，独具创意，且具有感染力和良好的视觉效果。手绘与电子打印不限。被采用的优秀作品给予满分，其他作品由相应负责教师打分，录入实践成绩。

（3）上交手绘作品要求为 A4 纸，黑白、彩色作品均可，自己设计，写明分院、年级、专业、姓名、学号。

（4）选择此项形式的同学至少上交 1 份作品。

（五）"我的大学生涯规划设计"

（1）所上交作品必须原创，不可抄袭，可在已有作品基础上进行二次创作。如作品被发现有抄袭借鉴之嫌，将直接取消成绩。

（2）上交作品用纸为 A4 白纸，自己设计封面但需写明分院、年级、专业、姓名、学号。

（3）选择此项形式的同学只上交 1 份作品。

六、活动考核标准

（1）凡是按要求完成任务的学生均给予满分 2 积分。其他作品由教师按要求给予。

（2）作品收集阶段。

时间：活动结束即上交作品。

形式及内容：此项活动负责人将作品交至本班思政教师。

（3）作品分数确定。

时间：作品上交一周内。

各班级思政教师要本着公平、公正、公开的原则，对作品进行打分。

七、活动纪律

作品要按照规定时间进行报送。错过时间，视为放弃。作者要服从工作人员的指挥。尊重教师的评判，不得纠缠质疑。

教师纪律：遵守公正、公平、公开原则进行评判。

八、工作要求

所有思政教师要对此次活动高度重视、精心组织、积极支持与鼓励学生完成作品。

表 1-1　师生合作共同体之图书馆之行——"我的大学我做主"任务书

分院：　　班级：　　专业：　　姓名：　　学号：　　导员：　　电话：

专题名称	我的大学我做主				
大一上学期阅读计划	序号	书名	作者	内容简介	阅读时间
	1				
	2				
	3				
学习收获					

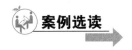 **案例选读**

案例一 大学生救人感动全国

【案例呈现】

2009年10月24日14时15分许,长江沙市宝塔湾,一阵急促的呼救声打破了欢乐与平静。2名男孩不慎落水。10余名长江大学学生,紧急决定手拉手结成人梯下水施救。两名落水者最终获救,但陈及时、何东旭、方招3名大学生溺亡,均年仅19岁。官方媒体和互联网突出报道了这个义举和不幸。

3名"90后"大学生因救人而溺亡的事件传遍全国,引发社会关于"价值"的广泛讨论,也再度引发人们对被称为"迷失的、自我为中心的、无社会责任感的、垮掉的""90后"的重新认识。教育部日前决定授予长江大学徐彬程等15名同学"全国见义勇为舍己救人大学生英雄集体"荣誉称号,追授陈及时、何东旭、方招同学"全国舍己救人优秀大学生"荣誉称号。

【思考讨论】

(1)从大学生舍己救人的感人事迹中让我们看到了生命的价值和意义,谈谈你的理解和感受。

(2)谈谈你对"人生价值是用永恒的执着和顽强的韧劲筑起的一道铜墙铁壁"这句话的理解和认识。

【案例点评】

有一种情感,只有在奉献的时候才能真正体会;有一种感动,只有在失去的时候才能被察觉。3名大学生的生命虽然短暂,但他们的人生价值却无法估量。他们用自己的行动重新创造了自己,也成就了他人,也影响和带动着全社会的人,这就是3位英雄的社会价值。

我们每个人都是生活在社会中的人,我们的需要只有在社会中才能得到满足,个人不能脱离社会而存在和发展;同时,社会又是由个人组成的,个人是社会的细胞,社会的发展和进步离不开个人。正确理解个人和社会的关系,是理解人生的自我价值和社会价值的基础。希望通过大学生"结梯救人"的事迹,"早日驱走人们心头的习惯性冷漠,用'爱'去面对一切,让爱成为生活的常态"。一个现代社会的核心价值观——除了经济价值,还有道德价值和社会价值。

【教学建议】

3名大学生的人生是关爱他人、服务社会的一生,也是无私奉献的一生,正是有了他们的爱心感动着被救助的孩子、家长和全国人民。是他们这种时代精神和英勇壮举引领着社会弘扬正义的风气，是他们这个具有时代特征的当代大学生集体，用生命和行动践行着社会主义核心价值观。他们在紧要关头没有忘记所承担的社会责任，是他们用生命谱写了一首关爱生命、奉献社会的最美赞歌。我们当代大学生要以他们的奉献精神为学习的榜样，努力学习，服务社会，用自己的智慧去寻找自己的人生位置、人生光源，在参与社会实践当中实现自我价值，创造社会价值。

案例二　量一量自己——自我成长可行性分析报告

【案例呈现】

在欧洲文艺复兴时期，法国有一位很有特色的人文主义思想家，他叫蒙田。正如当时其他的思想家一样，蒙田特别关注人性的解放。他十分强调自我意识在社会中的地位与作用，他不断地告诉人们：保持自己的特点。他极力反对中世纪的那种扼杀人性的经院哲学，而相信，人类研究的重点原本就在于对人的研究，人应当清醒地认识自己。

蒙田提醒人们一定要意识到自己生命的尊严。他在他那才华横溢的散文集中写道："世界上最好、最合理的事就是很好、公正地对待人，世界上最难学懂学透的科学就是知道如何享乐此生，知道如何顺应自然；在我们所有的缺点中最严重的就是轻视自己的生命。"他认为，人们在人性、生命这一层意义上，都是平等的。

他身为那个时代的一个法国贵族，难能可贵的是能够用发自内心的感情去赞美普通人，同情平民百姓所遭受的苦难与辛酸。他认为，每个人都应当正确地认识自己。普通老百姓由于缺乏知识，常常被表面现象所迷惑，但他们十分接近大自然，毫不做作。最要紧的是告诉他们：每个人都是生命的主人。

古希腊的一名哲学家曾经提出过："人是万物的尺度"这句宏论，很多人以为这是至理名言。蒙田则指出，人还是应当首先"量量自己"。

【思考讨论】

（1）蒙田对自我认知的理解和诠释对你有哪些启发？谈谈你对自我认知的理解和思考。
（2）结合自身状况和未来发展方向给自己一个客观公正的评价，写出20个我是谁。

【案例点评】

欧洲16世纪伟大的思想家蒙田把认识自我作为世界上最重要的事情的诠释，为我们现代人提供了学习的榜样。他作为欧洲文艺复兴时期人文主义思想的代表之一，始终如一地保持着自己的特点，也能够认定自己的发展方向，对自我的把握十分到位，具有清晰的自我意识。他认为人首先应当量一量自己，然后才可能成为万物的尺度。他的这种观点告诉我们，假如连自己都认识不清、把握不住，怎么能去把握其他事情，让我们进一步认识到自我认知的重要性？作为当代大学生必须高度重视自我认知在未来发展中的地位和作用，学会正确地自我认知，对于自生科学合理地定位，对于创造有价值的人生具有现实而深远的意义。

【教学建议】

从古至今，人们在探索和改造大自然的同时，也在反复地探索着自身。正确认识自我、评价自我，对于自我激励、自我实践创造有价值人生的作用不可忽视。人生是一个自我经营过程，要经营就要讲运算，人生的光环和生命的长短也可以用时间来计算。作为社会中的人，其人生的目的和意义告诉我们不仅仅是获得了什么，更应当看他贡献了什么，做了哪些对社会、对他人有益的事情。奉献是一种真诚自愿的付出行为，是一种崇高的精神境界，是美好的人生追求。为了让我们每一个人的存在都有意义和有价值，作为当代大学生要主动承担社会赋予我们的责任，怀着一颗感恩的心，努力学习报效祖国，在参与社会服务过程中尽心、尽力、尽职、尽责，我们只有不断为他人、集体、国家和社会做出奉献，人生才更光彩，自身价值才能更好地实现。

案例三 "观音姐姐"——邰丽华

【案例呈现】

2005年的春节联欢晚会上，在辞旧迎新热闹的喧嚣中，21个聋哑孩子表演的《千手观音》于无声处听惊雷，成为晚会上最受欢迎的节目。一夜间，几乎全国人民都爱上了领舞的"观音姐姐"——邰丽华。

邰丽华，中国残疾人艺术团的舞蹈演员，中国特殊艺术协会副主席。这位两耳失聪的女孩，用生命演绎的舞蹈感动了国人。邰丽华，小时因高烧注射链霉素而失去了听力，从此进入了一个无声的世界。但是她说："我们虽无法听到声音，但可以用自己的身体感觉到音乐，我们把手放在录音机上，把舞蹈乐曲的节奏记下来，通过一遍遍播放和长时间的体会，我们将舞曲的节奏已经完全融入自己的血液之中。"正是通过长时间的练习，《千手观音》的21位表演者在舞台上达到心意相通的境界。

邰丽华虽然生活在无声的世界里，但是她并没有抱怨命运的不公，而是以一种积极、乐观的态度来笑对人生，不断实现自己的人生价值。

【思考讨论】

（1）从邰丽华的人生经历和人生的态度当中你看到了哪些值得你学习的地方？结合自身状况谈谈你的感受。

（2）如何正确认识人生中的顺境和逆境，怀着感恩的心对待人生，以极大的热情奉献社会，在参与社会实践中创造人生价值？

【案例点评】

在实现人生价值的道路上，谁都希望前途是光明的。但是，困难和挫折是不可避免的。面对困难和挫折，邰丽华以顽强的毅力战胜了一个又一个困难，以自强不息的奋斗精神实现了她的梦想，为社会、为他人带来了不同寻常的精神财富，成为当代大学生学习的榜样。站在历史的长廊中,我们看到那些贤人达士的丰功伟绩和人生价值,而他们的背后却有着自己的真实写照,他们是通过自己的磨砺和敢于创造的意志实现的。而作为我们当代大学生来说,我们更有空间去创造自己,去发掘自己的潜力,大胆去创新,勇敢地去面对新事物的挑战。心的历练是一种毅力、是一种执着的信念,心智在历练中成熟,生命在历练中飞扬,不要贪图安逸。勇敢地接受"心练"的挑战,才会创造无穷的价值。只有在艰苦中锻炼,才能变逆境为顺境,变困惑为通达,才能真正找到自己的价值之所在。

创造的昨天叫立足,创造的今天叫进取,创造的明天叫成功。让我们在创造中"发现自我,找到自我,创造自我"。

【教学建议】

古往今来,许多名人贤士无不是在挫折中成就了不平凡的事业。面对耳聋,贝多芬顽强拼搏,发出"我要扼住命运的咽喉"的呐喊,终成一代"乐圣";面对失败,爱迪生坚持不懈,发出"我已找到1 000多种不适合做灯丝的材料"的乐观心声,终于给世界带来了光明;面对仕途苦闷,苏东坡壮心不已,发出"大江东去,浪淘尽,千古风流人物"的昂扬曲调。在挫折中逐步走向成熟,挫折并不可怕,可怕的是我们在挫折面前丧失勇气和信心。面对挫折,只要我们能保持自强不息的精神状态,人生终会雨过天晴。众所周知,艰辛知人生,实践长才干,这是古往今来许多人成就事业的经验总结。实践是检验真理的唯一标准。大学生固然要认真学习书本知识,打下坚实的知识功底。但是,我们不能一直待在校园这个"象牙塔"里,不能做一个"两耳不闻窗外事,一心只读圣贤书"的书呆子,我们要把自己所学到的知识运用到社会实践中去,做到知行统一。今天可能正面临着学习、生活中的多重压力和挫折——成长的失落、社交的困惑、学业的压力、家境的困顿、就业的焦虑、情感的迷茫等多重心理困境。我们要立足现实,不断努力,勤奋自强,不断提高自身的社会服务能力,为实现自己的人生价值奠定坚实的基础。就像俞敏洪说的那样,我们要有水的精神,在时机未到的时候积累自己的厚度,将来有一天就可以厚积薄发,成就自己的人生。

视频资料

(1) 案例"丛飞的颁奖词"视频请扫描此二维码。

(2) 案例"龚全珍"视频请扫描此二维码。

(3) 微视频:"第一章——01 我是谁"。

(4) 微视频:"第一章——02 追求生命意义的人生观"。

考考你

一、单项选择（请将正确答案的字母填写在括号内）

1. 任何人都是处在一定的社会关系中从事社会实践活动的人。（　　）属性是人的本质属性。
　　A. 生物　　　　　B. 社会　　　　　C. 动物　　　　　D. 人本

2. （　　）是指人们通过生活实践形成的对人生问题的一种稳定的心理倾向和精神状态。
　　A. 人生态度　　　B. 人生目的　　　C. 人生价值　　　D. 人生目标

3. 人生的内容与复杂多样的社会关系和社会活动密不可分，（　　）是认识和处理人生问题的重要着眼点和出发点。
　　A. 个人与国家的关系　　　　　　B. 社会与组织的关系
　　C. 个人与社会的关系　　　　　　D. 个人与组织的关系

4. 考察一个人的人生价值，要把个人对（　　）的贡献同他的能力以及与能力相对应的职责联系起来。
　　A. 社会　　　　　B. 祖国　　　　　C. 他人　　　　　D. 国家

5. （　　）是人们对生活在其中的世界以及人与世界的关系的总体看法和根本观点。
　　A. 人生观　　　　B. 世界观　　　　C. 价值观　　　　D. 金钱观

6. 人的社会性决定了人生的社会价值，评价人生价值的根本尺度，是看一个人的（　　）是否符合社会发展的客观规律，是否促进了历史的进步。在今天，衡量人生价值的标准，最重要的就是看一个人是否用自己的劳动和聪明才智为国家和社会真诚奉献，为人民群众尽心尽力服务。

  A. 社会活动　　　　B. 生活　　　　　　C. 实践活动　　　　D. 实践

7. 青年只有自觉将（　　）同国家和民族的前途命运紧紧联系在一起，才能最大限度地实现人生价值。

  A. 自己的命运　　　B. 人生价值　　　　C. 生活目标　　　　D. 人生目标

8. （　　）是历史的创造者，是国家的主人。

  A. 青年学生　　　　B. 人民群众　　　　C. 广大工人　　　　D. 广大农民

9. 人生观决定着人生道路的方向，也决定着人们行为选择的（　　）和用什么样的方式对待实际生活。

  A. 价值取向　　　　B. 方向　　　　　　C. 价值方向　　　　D. 路途

10. 大学生要以积极进取的态度去面对生活中的成败得失，使一时的成败得失成为人生的（　　）而不是人生的包袱。

  A. 财富　　　　　　B. 幸福　　　　　　C. 障碍　　　　　　D. 得到

二、多项选择（请将正确答案的字母填写在括号内）

1. 人的生命历程不同于其他动物的生命过程，人不仅要维系自身的生存和繁衍，还要（　　），在极为丰富的社会生活中观察、思索、判别和选择。

  A. 生产　　　　　　B. 创造　　　　　　C. 交往　　　　　　D. 认知

2. 正确的人生目的可以使人无所畏惧、（　　）。

  A. 顽强拼搏　　　　B. 积极进取　　　　C. 放纵人生　　　　D. 乐观向上

3. 在不同的历史时期，中国共产党人将马克思主义与中国（　　）的具体实际相结合，阐述了倡导服务人民和奉献社会的人生观的深刻道理。

  A. 复兴　　　　　　B. 革命　　　　　　C. 建设　　　　　　D. 改革

4. 人生价值的实现条件是（　　）。

  A. 从社会客观条件出发　　　　　　　B. 从个体自身条件出发
  C. 不断增强实现人生价值的能力和本领　　D. 坚持物质贡献和精神贡献相统一

5. 以下人生观属于错误人生观的有（　　）。

  A. 极端个人主义　　B. 乐观进取　　　　C. 拜金主义　　　　D. 享乐主义

三、判断对错（在括号内填写答案，正确的填写 T，错误的填写 F）

1. 人在实现人生价值的过程中不可避免地要受到客观条件的限制，但这并不是说，人的主观努力就不起作用。（　　）

2. 人的自身条件会有一定的差异，某一个具体的价值目标，对这个人来说是恰当的。（　　）

3. 人生实践是一个创造的过程。（　　）

4. 人生的意义，需要从人生价值的角度进行审视和评价。（　　）

5. 个人与社会的关系，最根本的是个人利益与国家利益的关系。（   ）

6. 一个人思考生活的意义，树立追求的理想目标，确定以怎样的方式对待生活，探讨协调身与心、自我与他人、个人与国家的关系。（   ）

7. 人是社会的人，每一个人都存在和活动于具体的、基于特定历史的现实社会中。（   ）

8. 人生态度是人生观的重要内容。一个人有什么样的人生观就会有什么样的人生态度。（   ）

9. 人生目的决定人生观，人生道路上有时候一帆风顺，有时会崎岖不平。（   ）

10. 人类来源于自然界，和自然界的其他生物一样，也要进行新陈代谢、繁衍后代，经历生老病死的自然过程。（   ）

一、单项选择

1. A　2. B　3. A　4. A　5. B　6. C　7. D　8. B　9. A　10. A

二、多项选择

1. ABC　2. ABD　3. BCD　4. ABC　5. ACD

三、判断对错

1. T　2. T　3. T　4. T　5. F　6. F　7. T　8. T　9. F　10. T

参考答案

第二章 坚定理想信念

箴言选摘

"青年兴则国家兴,青年强则国家强。青年一代有理想、有本领、有担当,国家就有前途,民族就有希望。中国梦是历史的、现实的,也是未来的;是我们这一代的,更是青年一代的。中华民族伟大复兴的中国梦终将在一代代青年的接力奋斗中变为现实。"

——习近平

一个人如果没有努力为之追求的理想信念,就等于没有灵魂。

——李大钊

最可怕的敌人,就是没有坚强的信念。

——罗曼·罗兰

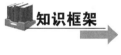

知识框架

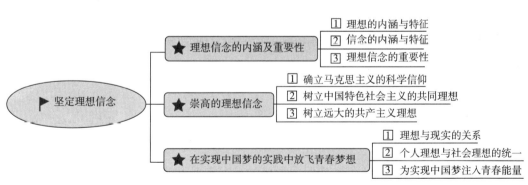

理论导学

【知识目标】

1. 了解理想与信念的内涵及联系。

2. 领会理想信念对人生的重要性。

3. 为什么要信仰马克思主义。

【能力目标】

1. 深入理解实现个人理想和实现共同理想、远大理想的关系。

2. 明确在确立理想和实现理想的过程中，要充分认识实现理想的长期性、艰巨性和曲折性。

3. 树立中国特色社会主义的共同理想，追求共产主义远大理想。

4. 提高大学生在实践中化理想为现实的能力。

【素质目标】

1. 激发大学生为实践中国梦注入青春能量。

2. 增强大学生树立马克思主义科学信仰，确立中国特色社会主义的共同理想、追求共产主义远大理想的自觉性。

3. 提高大学生在确立和实现个人奋斗目标的过程中，怎样看待和取舍眼前利益、长远利益的觉悟。

【教学重点】

理想信念对大学生成长成才的重要意义；科学认识中国特色社会主义的共同理想和马克思主义的科学信仰。

【教学难点】

如何结合学生自身实际情况，尽快树立科学的理想信念并在实践中化理想为现实；认清实现理想的长期性、艰巨性和曲折性。

一、理想信念的内涵及重要性

（一）理想的内涵与特征

（1）理想定义：理想是人们在实践中形成的、有实现可能性的对未来社会和自身发展目标的向往与追求，是人们的世界观、人生观和价值观在奋斗目标上的集中体现。

（2）理想的特征：理想具有超越性。理想具有实践性。理想具有时代性。

（二）信念的内涵与特征

（1）信念是人们在一定的认识基础上确立的对某种思想或事物坚信不疑并身体力行的精神状态。信念是认知、情感和意志的有机统一体，为人们矢志不渝、百折不挠地追求理想目标提供了强大的精神动力。

（2）信念的特征：信念具有执着性。信念具有多样性。

（三）理想信念的重要性

（1）理想信念昭示奋斗目标。
（2）理想信念提供前进动力。
（3）理想信念提高精神境界。

二、崇高的理想信念

（一）确立马克思主义的科学信仰

（1）马克思主义体现了科学性和革命性的统一。
（2）马克思主义具有鲜明的实践品格。
（3）马克思主义具有持久生命力。

（二）树立中国特色社会主义的共同理想

（1）有共同理想，才能有共同步调。
（2）中国特色社会主义是科学社会主义。
（3）中国特色社会主义是中国共产党带领人民历经千辛万苦找到的实现中国梦的正确道路。
（4）中国共产党的领导是中国特色社会主义最本质的特征。

（三）树立远大的共产主义理想

（1）共产主义是现实运动和长远目标相统一的过程。
（2）共产主义远大理想的最终实现是一个漫长的、艰辛的历史过程，需要一代又一代人付出艰苦的努力。

三、在实现中国梦的实践中放飞青春梦想

（一）理想与现实的关系

（1）辩证看待理想与现实的矛盾。
（2）实现理想的长期性、艰巨性和曲折性。
（3）艰苦奋斗是实现理想的重要条件。

（二）个人理想与社会理想的统一

（1）个人理想以社会理想为指引。
（2）社会理想是对个人理想的凝练和升华。

（三）为实现中国梦注入青春能量

（1）立志当高远。

(2) 立志做大事。
(3) 立志须躬行。

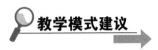
教学模式建议

本章教学方式为师生合作教学，学时分配为2，课业积分为5。

多元化理论教学模式基本程序

教师应提前2周设计教学活动及面向广大学生下发征集配合教师教学的志愿者启事，并在课前做好演练。

"坚定理想信念"课程授课志愿者招募启事

本课程教学地点为多媒体教室。教师设计主持词及课程活动流程，教学设备需要音响、投影仪、话筒等。招聘岗位条件要求如表2-1所示。

表2-1 招聘岗位条件要求

招聘岗位/节目	人数	岗位职责	条件/要求	备注
主持人	2人	（1）提前背诵主持词，配合教师顺利完成课程。 （2）协助教师维持课堂秩序及调节现场气氛	（1）男女不限，自行组成主持团队。 （2）口齿伶俐，思维敏捷，有较强的应变能力	勇敢圆满完成任务的学生给予积分5分
诗朗诵	1个团队	（1）以团队为单位上报节目。 （2）提前上报及准备节目，配合教师顺利完成课程	（1）诗词以理想信念为主题。 （2）时间为3~5分钟。 （3）制作PPT背景及配乐，服装统一、队形整齐、有创意，可以配以舞蹈等艺术表现手法。 （4）作品尊重历史、敬重经典、礼赞英雄，自觉抵制和清除黄色等不良内容	
自报节目	个人自行组建团队	提前上报及准备节目，配合教师顺利完成课程教学	（1）以理想信念为主题。 （2）节目形式不限，时间为3~5分钟。 （3）作品遵守国家法律法规	

报名方式：学生向任课教师呈交"坚定理想信念"课程授课志愿者招聘报名表（表2-2）。（填写完成后，按时间要求裁切上交给任课教师，任课教师要在学生上交第二天下发评选结果）

表2-2

项目	主持人（ ） 诗朗诵（ ） 自报节目（ ）			
负责人	姓名学号		联系方式		所在分院
参与人名单及学号					
节目简介	节目类型： 节目名称： 节目内容：（200字左右）				

实践指南

项目一 "我的理想 我的信念"校园主题采访

"我的理想 我的信念"校园主题采访活动方案

为了进一步增强大学生对思政课的参与感、获得感，为了走进青春，引导学生对理想的追求，经学院研究决定，开展"我的理想 我的信念"校园主题采访活动，具体方案如下。

一、指导思想

高举习近平新时代中国特色社会主义思想伟大旗帜，以聚焦中国特色社会主义新时代，引导和帮助青年学生牢记、理解、践行"有理想、有追求、有担当、有作为、有品质、有修养"，切实增强学生对思政课的参与度。

二、活动主题

本次活动以"我的理想 我的信念"为主题，让更多同学在镜头前表现自我，用大学生喜闻乐见的传播方式，将理想信念内化于大学生的心中，转化为大学生的自觉行为。

三、活动对象

全体教学班。

注：以团队为单位。

四、活动要求

（1）以团队为单位，团队成员共同协作，上课前，每个团队上交一份 5~8 分钟的视频资料，学生以个人为单位上交校园采访任务书。

（2）采访内容：围绕"我的理想 我的信念"主题，设计采访，展现出大学生蓬勃的朝气。

（3）采访设备不限，但须进行视频剪辑、后期制作，视频开篇要显示活动分工。

（4）本次活动拒绝有国家法律、法规明令禁止的内容参赛。

（5）特殊说明：严禁恶搞红色经典及英雄人物、格调低俗的内容；严查价值导向偏差、含有法律法规禁止内容的作品，情节严重的，依法从重处理。要求学生严肃对待经典革命题材文化作品，尊重历史、敬重经典、礼赞英雄，自觉抵制和清除不良内容。

（6）每个学生在活动结束后上交任务书。

五、活动考核标准

（1）采访设计主题鲜明、逻辑清晰、表现新颖，给予满分积分。不参与活动的学生给予 0 积分。

（2）其他学生由教师酌情给予积分。

六、时间安排

教师提前 3 周进行活动布置，活动分为四个阶段。具体安排如下。

（1）活动启动、准备阶段。

学生在教师布置完活动后，以团队为单位进行分工、操作。

（2）一轮指导阶段。

工作布置第一周后，团队队长向思政教师反馈制作、操作等情况，教师进行指导后团队进行作品整改。

（3）二轮指导阶段。

工作布置第三周后，团队队长向思政教师反馈整改情况，教师进行二轮指导。

（4）课堂展示阶段。

随堂现场教学展示，顺序由教师决定。

本次课程结束后，所有学生以个人为单位按时间要求上交"思政道德修养与法律基础课程'我的理想 我的信念'校园主题采访活动任务书"（表 2-3）。

表 2-3 思政道德修养与法律基础课程"我的理想 我的信念"校园主题采访活动任务书

分院： 班级： 专业： 导员： 电话：

活动名称	"我的理想 我的信念"校园主题采访活动	活动地点		负责工作	
采访方案					

续表

工作过程说明	
活动收获	

项目二 "激扬青春　放飞理想"演讲比赛

"激扬青春　放飞理想"演讲比赛活动方案

为提升广大学生的修养和综合素质、引导争做符合新时代先锋的新青年，增强大学生的责任感、使命感，激发大学生的担当精神，引导大学生志存高远，发奋成才，回报社会，报效祖国，经学院研究决定，开展"激扬青春　放飞理想"思政课实践活动，具体方案如下。

一、指导思想

高举习近平新时代中国特色社会主义思想伟大旗帜，深入学习宣传贯彻党的十九大精神，以聚焦中国特色社会主义新时代，引导和帮助青年学生牢记、理解、践行"有理想、有追求、有担当、有作为、有品质、有修养"，立志在践行伟大中国梦中展现青春、贡献才智。

二、活动主题

本次实践活动以"激扬青春　放飞理想"为主题，以班会形式进行演讲比赛，运用大学生喜闻乐见、乐于接受的演讲比赛方式，开展思想政治教育，引导大学生自觉用习近平新时代中国特色社会主义思想武装头脑，树立正确的世界观、人生观、价值观，充分展示大学生紧跟时代砥砺前行、担当责任奋发有为的精神风貌，进一步激励他们勇做时代的弄潮儿，在实现中国梦的生动实践中放飞青春梦想，在为人民利益的不懈奋斗中书写人生华章。

三、活动对象

全体教学班。

注：以个人为单位。

四、活动要求

（1）以个人为单位，所有教学班学生必须参加，班长与学委负责，利用班会时间进行班内比赛，每班遴选 3 名优秀者参与思政课前演讲。活动结束后以个人为单位上交任务书。

（2）演讲内容：围绕"激扬青春　放飞理想"主题，结合个人和社会实际，设计演讲内容，题目自拟。

（3）主题突出，积极健康；仪表端庄，仪态大方；表达清晰，普通话标准；技巧灵活，感染力强。

（4）时间：5~8 分钟。

（5）可以配乐，音乐与内容应相协调；也可制作 PPT 背景。

（6）本次活动拒绝有国家法律、法规明令禁止的内容参赛。

（7）特殊说明：严禁恶搞红色经典及英雄人物、格调低俗的内容；严查价值导向偏差、含有法律法规禁止内容的作品，情节严重的，依法从重处理。要求学生严肃对待经典革命题材文化作品，尊重历史、敬重经典、礼赞英雄，自觉抵制和清除不良内容。

五、活动考核标准

本次比赛全班学生参与，全班学生组成评选小组，对每一个学生成绩进行客观公正的评判。评分标准具体如下。

（1）演讲内容（4分）：主题突出，思想积极向上，内容真实感人，结构完整清晰等。

（2）语言表达（3分）：普通话标准，声音洪亮清楚，表达连贯，语调和语速与演讲内容有机配合，声音与情感有机结合等。

（3）演讲表情（1分）：表情自然并与内容有机结合，声情并茂，感染力强，动作与手势恰到好处等。

（4）仪表仪态（1分）：仪表端庄，服装整洁大方，讲究礼仪。

（5）综合印象（1分）：从时间控制、出入场、演讲效果、创意及有关内容等方面评判。

教师分数给予标准：每班遴选 3 名优秀者参与思政课前演讲并给予满积分，其他同学成绩参考上交任务书且与班长、学委协商确定。

六、时间安排

教师提前进行活动布置，活动分为三个阶段。具体安排如下。

（1）活动启动、准备阶段。

学生在教师布置活动后，以个人为单位进行准备。

（2）班级演讲赛。

确定班会时间进行班内比赛，每班遴选 3 名优秀者参与思政课前演讲。以个人为单位上交任务书。

（3）课堂展示阶段

（4）随堂现场教学展示。

本次课程结束后，所有学生以个人为单位按时间要求上交"思政道德修养与法律基础课程'激扬青春　放飞理想'演讲比赛活动任务书"（见表 2-4）

表 2-4　思政道德修养与法律基础课程"激扬青春　放飞理想"演讲比赛活动任务书

分院：　　　班级：　　　专业：　　　导员：　　　电话：

活动名称	"激扬青春　放飞理想"演讲比赛活动	活动地点		演讲题目	
演讲稿					
活动收获					

项目三　"当代高职生理想、信念、价值观状况"社会调研

"当代高职生理想、信念、价值观状况"社会调研活动方案

为深入学习贯彻全国高校思想政治工作会议精神，积极推动实践育人工作，提升广大学生的修养和综合素质，引导和帮助青年学生牢记、理解、践行"有理想、有追求、有担当、有作为、有品质、有修养"，立志在践行伟大中国梦中展现青春、贡献才智，经学院研究决

定,开展"当代高职生理想、信念、价值观状况"社会调研思政课实践活动,具体方案如下。

一、调研主题

当代高职生理想、信念、价值观状况。

二、调研目标

大学生理想信念根植于现实社会,又是一个人的人生奋斗目标、精神支柱和成功动力。通过此项活动,使学生在比较客观地认识到自身价值的基础上,逐步树立起立足现实而目标远大的理想。

三、调研时间

根据教学进程确定调研时间。

四、参与对象

全体教学班。

五、调研对象

我院学生及同类学院学生。

六、调研要求

(1)以团队为单位进行实践活动。
(2)方案实际可行。时间安排紧凑合理,内容和形式切实可行。
(3)调研主题鲜明。
(4)调研准备。参与调研的小组要设计调研问卷。
(5)调研过程。调查时要求调研人员:仪表端正、大方;举止谈吐得体,态度亲切、热情;具有认真负责、积极的工作精神及职业热情。

七、注意事项

(1)严肃认真参与调研,结合实际完成报告,确保调研真实性,禁止弄虚作假,禁止抄袭剽窃,一经发现即取消成绩。
(2)以小组为单位上交:调研计划、调研问卷、调研报告各一份。以个人为单位上交"当代高职生理想、信念、价值观状况"社会调研活动任务书。

八、活动考核标准

每班遴选1个优秀团队,团队成员给予满积分,其他同学成绩参考上交任务书且与团队队长协商确定。

九、时间安排

教师提前进行活动布置,活动分为三个阶段。具体安排如下。

(1) 活动启动、准备阶段。

学生在教师布置活动后,以团队为单位进行准备。

(2) 调研阶段。

各团队队长在调研期间,要主动向任课教师汇报调研情况,并呈报各项资料。

(3) 调研结束后,课堂展示阶段。

随堂现场展示优秀团队调研成果。

本次活动结束后,所有学生以个人为单位按时间要求上交"思政道德修养与法律基础课程'当代高职生理想、信念、价值观状况'社会调研活动任务书"(表2-5)。

表2-5 思政道德修养与法律基础课程"当代高职生理想、信念、价值观状况"社会调研活动任务书

分院:　　　班级:　　　专业:　　　导员:　　　电话:

活动名称	"当代高职生理想、信念、价值观状况"社会调研活动	负责工作	
工作过程说明			
活动收获			

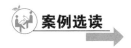 案例选读

案例一　他叫黄大年，一个让美航母舰队后退100海里①的人

【案例呈现】

7年前的那个冬日，他顶着纷飞的雪花，从英国归来，大步流星走进这里的时候，震动海外。有外国媒体报道说："他的回国，让某国当年的航母演习整个舰队后退100海里。"

7年中，在这座科学的宫殿里，他就像一枚超速运动的转子，围绕着科技兴国这根主轴，将一个又一个高端科技项目推向世界最前沿，直至58岁的节点上戛然而止。

他就是国际知名战略科学家黄大年。航空地球物理研究领域享誉世界的科学家，2009年放弃海外高薪，作为国家"千人计划"特聘专家回到祖国；他，选择了母校吉林大学做全职教授，成为东北第一个引进的"千人"专家；他，没日没夜地工作，7年间，带领400多名科学家创造了多项"中国第一"，为我国"巡天探地潜海"填补了多项技术空白……

他叫黄大年，一个听到《我爱你，中国》就会热泪盈眶的海归赤子。今年1月8日，他永远地离开了，年仅58岁。

2017年元月的吉林长春，寒风凛冽。吉林大学艺术学院副教授姚立华匆匆走进录音棚，专门为一个人录制一首歌曲。音乐响起之前，她这样默念着："今天我要为您把《我爱你，中国》再次唱起，用歌声把您和我们留学人员共同对祖国的爱传递下去。"

几年前的一次吉林大学留学人员联谊会上，姚立华演唱了这首歌。一曲终了，一位个头不高、身材微胖的人走过来一边和她握手一边说："这首歌让我感动，我们常年在国外的人，对祖国的爱很深很深。"她能看出来，这位老师刚刚流了泪。

现在，这位听到《我爱你，中国》就会热泪盈眶的人却永远走了，消失在北方银色的冬天里。

他，在英国18年，是国际知名战略科学家；他，曾经住在剑桥大学旁边的花园别墅里，妻子还经营着两家诊所；他，2009年放弃英国的一切，作为国家"千人计划"特聘专家回到祖国；他，选择了母校吉林大学做全职教授，成为东北第一个引进的"千人"专家；他，负责"深部探测关键仪器装备研制与实验项目"及相关领域科研攻关，国家财政投入数亿元人民币，是当时国家"千人计划"专家科研项目中获得支持力度最大的一个；他，没日没夜地工作，多年来，他办公室深夜明亮的灯光被称为吉林大学地质宫"不灭的灯火"……

他叫黄大年。

"如果你不回去，咱们就散伙。"2009年年底，黄大年一改往日温和的语调，坚决地对妻子说。如此决绝的态度源于吉林大学地球探测科学与技术学院院长刘财给黄大年发的一封

---
① 1海里=1 852米。

邮件，邮件中是国家"千人计划"的有关材料。刘财不知道，这一封邮件让黄大年心潮澎湃。"振兴中华，乃我辈之责！"——1982年1月，他在大学毕业纪念册上这样写道；"我一定会回来的！"——18年前，他对为自己送行的老师说；"知识精英是民族脊梁，别忘了，你是有祖国的人！"2004年，病重的父亲在电话中给他留下最后的嘱托……

妻子知道，是时候了。于是，她卖掉了诊所。2009年12月24日，黄大年和妻子走下飞机，站在了祖国的大地上。6天后，黄大年与吉林大学正式签订全职教授合同。

作为一个世界级的科学家，黄大年的梦想是把地球变得透明一些、更透明一些。地球深部探测计划就是找到开启"地球之门"的钥匙。曾在国外生活多年的黄大年深知相关装备对国家发展的重要性，也深知国外是如何严控这些装备对华出口的。

让我国在这方面的技术达到国际水平，就必须争分夺秒。以吉林大学为中心，黄大年通过各方力量，迅速会集起400多名来自高校和中科院的优秀科技人员，展开了一个又一个攻关。

固定翼无人机航磁探测系统工程样机研制成功，填补国内无人机大面积探测的技术空白；万米大陆科学钻探工程样机"地壳一号"研制成功，为实施我国超深井大陆科学钻探工程提供了强有力的技术装备支持；首个国家"深部探测关键仪器装备野外实验与示范基地"建成，为规范管理仪器装备研发和引进程序提供了验证基地……经过7年时间，黄大年的团队取得了一系列重大成果。2016年6月28日，"深部探测关键仪器装备研制与实验项目"通过评审验收，专家组最终的结论是：项目成果处于国际领先水平。

项目成功的背后，是黄大年异常忙碌的身影。开展项目研究的办公室在吉林大学一座被称为"地质宫"的老建筑内，自从2009年黄大年来到这里，每天都会有一盏灯一直亮到凌晨两三点钟。如果哪一天没亮，那一定是他出差了。

在黄大年的办公室里，靠北侧的墙上是一块巨大的记事板，上面的日程表密密麻麻地记着各种安排。"问他出差坐什么时候的航班，他头也不抬地跟我说，就今晚最后一班吧。"黄大年的工作秘书王郁涵说。7年间，黄大年平均每年出差130多天，最多的一年160多天。出差回来，不论多晚，他不是先回家，而是又一头扎进办公室。

不忙不行啊！2016年元宵节在办公室加班到午夜的黄大年，发了一条朋友圈："办公楼内灯稀人静，楼外正是喜气洋洋。我们被夹在地质宫第5层，夹在'十二五'验收和'十三五'立项的接合部，夹在工作与家庭难以取舍的中间。"为了让祖国的科技水平获得巨大幅度的提升，黄大年急啊！

一天，王郁涵听到黄大年办公室传来"砰"的一声响，跑进去一看，黄大年倒在地上。王郁涵赶紧叫人，黄大年示意她不要声张，说口袋里有速效救心丸。吞下去几粒后，又躺了一会儿，他像没事儿人似的对王郁涵笑笑说"通宵工作有点累，休息一会儿就好了，不要告诉别人"，说完便去其他办公室布置接下来的工作。

在"深部探测关键仪器装备研制与实验项目"验收的前夜，黄大年半夜赶到北京，然后让团队人员把手里的材料都复制给他。大家都知道，对于黄大年来说，那又是一个不眠之夜。第二天答辩之前，他从怀里拿出一瓶速效救心丸，含进嘴里几粒，调整一下笑容就上台了。

项目通过了验收。然而，黄大年的忙碌并没有结束。

2016年11月28日，黄大年由北京前往成都开会，在飞机上突发疼痛至休克，下飞机简单处置后,第二天又出现在会场。12月4日,他在长春做完检查后,又急着赶去北京出差。12月8日,他被大夫催着住进了医院。第二天开始,他又有计划地叫一些学生来病房,布置学习任务、安排工作计划。在正式手术的前一天半夜12点,他给学生周文月发信息说,她去英国剑桥大学留学的推荐信写好了。

让大家无论如何也不肯相信的是,今年1月8日,那个不知疲倦的黄大年永远地离开了,年仅58岁。

20世纪改革开放初期,一首《我爱你,中国》唱出了海外赤子的心声;今天,在实现中华民族伟大复兴中国梦的关键时刻,一位赤胆忠心的科学家又重新诠释了这首歌曲的意义。

"为了理想,我愿做先行者、牺牲者。我已经五十多岁了,生命也就这么几年了,能做出点儿事情,让后来人有一条更好走的路。"——2016年12月5日晚,黄大年生前最后一次接受记者采访

资料图:1982年1月15日黄大年在给同学的毕业赠言中写道:"振兴中华,乃我辈之责!"

——军事要闻,http://www.360doc.com/content/17/0527/15/7156043_657737762.shtml,2017-05-27

【思考讨论】

黄大年的生命结束了,然而,对于他的思念、关于他的思考才刚刚开始。身处发达国家,学术出众、事业有成、家庭幸福、生活优渥,黄大年为何选择回国?回国后,他倾心育人,淡泊名利,甘于奉献。这一切缘于什么?

【案例点评】

生活中不少人都忽视了理想的力量。

当美国马丁·路德·金说"我有一个梦想"时,当印度甘地身体力行"非暴力不合作"10多次绝食时,当白公馆的共产党员于中华人民共和国成立前夕在监狱里手绣红旗时,他们心中其实都澎湃着同样的东西——信念。

当黄大年1982年1月下笔为同学写下"振兴中华,乃我辈之责!"的毕业赠言时,当他在2009年年底放弃英国国籍回到中国东北自己的母校时,当他在7年的科研的路上不惜生命地与时间赛跑,"哪天倒下,就地掩埋"时,他心中燃烧的,一定就是这样的理想与信念。

黄大年的理想有两个。

一个是事业理想。学地质和干地质,有些人,只当成了学业和就业中的一种选择,而对于另一些人,则不仅仅是这样。对于他们,探索地质科学就是毕生的事业追求,为此,他们甘于寂寞、乐于奉献。黄大年就是这样的有志之士,他坦然地告诉别人:地质"是我开启

理想、追逐理想和实现理想的地方，这里是我引以为豪的地方，这里是我的根"。

另一个是爱国理想。恢复高考后的第一届大学毕业生，对祖国的爱有多深，很多人不能理解。那是虽经坎坷仍然满心只盼着祖国好的爱，是儿子一定要让母亲美起来的爱。黄大年那么急匆匆地玩命研究，就是要用行动表达他的赤子之情。因为他见过发达国家的强大，所以他要让祖国强起来的心情就更加急切。因为这种刻骨的爱，他嘱咐学生："你们一定要出去，出去了一定要回来，你们一定要有出息，出息了一定要报国。"他托付医生："我要是不行了，请把我的电脑交给国家，里面的研究资料很重要。"

"为了理想，我愿做先行者、牺牲者"。现实生活中我们的确看到了周边有盛行的物质主义，看到过理想信念被人嘲笑，但只要有黄大年这样的人在坚持梦想，就有希望！

2017年5月，中共中央总书记、国家主席、中央军委主席习近平对黄大年先进事迹做出了重要指示：要以黄大年同志为榜样，学习他心有大我、至诚报国的爱国情怀，学习他教书育人、敢为人先的敬业精神，学习他淡泊名利、甘于奉献的高尚情操，把爱国之情、报国之志融入祖国改革发展的伟大事业之中、融入人民创造历史的伟大奋斗之中，从自己做起，从本职岗位做起，为实现"两个一百年"奋斗目标、实现中华民族伟大复兴的中国梦贡献智慧和力量。

中宣部追授黄大年"时代楷模"称号；中国科协、科技部追授黄大年"杰出科学家"荣誉称号；教育部追授黄大年"全国优秀教师"荣誉称号……

【教学建议】

品读黄大年的先进事迹，追忆黄大年的无悔一生，用心感悟。

黄大年用坚定的选择诠释了一位爱国者的情怀。

黄大年用卓越的成就诠释了一位科学家的精神。

黄大年用深沉的爱诠释了一位人民教师的本色。

黄大年用宝贵的生命诠释了一位知识分子的担当。

黄大年将生命全部奉献给了理想，用毕生努力实现了爱国之情、强国之志、报国之行的统一，他用短暂的人生把个人理想与国家发展、事业追求与人民需要、人生价值与社会进步融为一体，想国家之所想、急国家之所急，勇于攀登创新高峰，为建设世界科技强国倾尽全部心力，做出了突出贡献。使得个体的奋斗得以升华，超越小我，成就大我。他就像一滴水，不管有多曲折，汇入了大海，融入了潮流，终将改变历史的潮汐，而那之中，留下了他的印迹。其实，不必为此感到难过。因为水滴不仅没有失掉自己最初的晶莹，而且留下了无法磨灭的印迹。本案例适合于《思想道德修养与法律基础》第二章第三节在实现中国梦的实践中放飞青春梦想部分的教学。

案例二　信念的价值

【案例呈现】

美国诺必塔小学的董事兼校长皮尔·保罗对所有的学生都是一视同仁的，在他的心目中根本没有什么"优生"和"差生"之别。因而,他对所有学生都给予热忱的鼓励,从而在他们心中竖起一面旗帜,而孩子确实是需要鼓励、需要有一面旗帜的。在他的学生中,有一位叫罗杰·罗尔斯的学生后来成为美国纽约州历史上第一位黑人州长。

罗杰·罗尔斯出生在纽约的大沙头贫民窟。那里环境恶劣,充满暴力。罗杰·罗尔斯所在的诺必塔小学的学生不与老师合作、旷课、斗殴,甚至砸烂教室黑板。皮尔·保罗想了很多办法来引导他们,可是没有一个是奏效的。后来他发现这些孩子都很迷信,于是他在上课的时候就多了一项内容——给学生看手相。他用这个办法来鼓励学生。

有一天,当罗尔斯从窗台上跳下,伸着小手走向讲台时,皮尔·保罗说:"我一看你修长的小拇指就知道,将来你是纽约州的州长。"当时,罗尔斯大吃一惊,因为长这么大,只有他奶奶让他振奋过一次,说他可以成长为五吨重的小船的船长。这一次,皮尔·保罗先生竟说他可以成为纽约州的州长,着实出乎他的预料。他记下了这句话,并且相信了它。

从那天起,"纽约州州长"就像一面旗帜飘在罗尔斯的心中,他的衣服不再沾满泥土,说话时不再夹杂污言秽语。他开始挺直腰杆走路,在以后的40多年间,他没有一天不按州长的身份要求自己。51岁那年,他终于成了州长。

在就职演说中,罗尔斯说:"信念值多少钱?信念是不值钱的,它有时甚至是一个善意的欺骗,然而你一旦坚持下去,它就会迅速升值。"信念,可以成为所有奇迹的萌发点;鼓励,能够成为一个人一生的动力。

——据厉尊的《别让自己的提醒晚到一步》(中国纺织出版社,2004)改写

【思考讨论】

(1)请分析一下是什么力量使得罗尔斯终于在51岁那年成为纽约州州长的?这些力量是如何发挥作用的?结合自己的实际,谈谈如何实现自身的职业理想?

(2)谈谈你对"信念值多少钱?信念是不值钱的,它有时甚至是一个善意的欺骗,然而你一旦坚持下去,它就会迅速升值"这句话的理解。

【案例点评】

皮尔·保罗对罗尔斯的一句善意鼓励"我一看你修长的小拇指就知道,将来你是纽约州的州长"使得罗尔斯精神为之振奋,并且相信了它。从此,"纽约州州长"这面信仰的旗帜高高飘扬在罗尔斯的心中,使得他在此后的40多年间始终按州长的身份要求自己并最终实现了"纽约州州长"这个人生理想。一句小小的鼓励,转化成一个孩子的信念。正是在这种信念的驱使下,故事的主人公以一名"州长"的标准严格要求自己,最终实现了自己儿时的理想。从一个顽劣的少年,到一个品行端正的有为州长,信念的价值就在于此。信仰的力量是强大的,正确的人生信仰必然引导人们朝着有益于社会发展的目标前进,不断提升自我,为社会做出更多的贡献;而错误的信仰则会阻碍社会的发展,把人生引入歧途。因此,确定科学信仰对于我们大学生来说是至关重要的。

此案例说明,信念可以成为所有奇迹的萌发点,能够成为一个人一生前进的动力。一个没有信念,或者不坚持信念的人,只能平庸地过一生;而一个坚持自己信念的人,永远也不会被困难击倒。因为信念的力量是惊人的,它可以改变恶劣的现状,形成令人难以置信的圆满结局。每个人都希望有一天能飞黄腾达,都希望能登上人生之巅,享受随之而来的丰硕果

实。遗憾的是，人们往往坚守不住自己的信念。总觉得顶峰是那样高不可攀，想象一下就已经足够了。当代大学生要自觉树立科学的理想信念，并在科学的理想信念指引下同自己所学专业密切结合，确立正确的职业理想，合理规划大学生涯，并矢志不渝地努力追求，不畏前进道路上的艰难险阻，以"天生我材必有用，千金散尽还复来"的豪迈气概沿着理想的阶梯奋力攀爬，使自己的青春在为祖国富强、人民幸福而忘我奋斗中闪光，使自己的大学和人生不在追悔中度过。坚定马克思主义信仰，坚持中国共产党的领导，走中国特色社会主义道路，在为建设中国特色社会主义、实现中华民族伟大复兴的征途中不遗余力地发挥光和热。

【教学建议】

本案例借"纽约州州长"这面信仰的旗帜使罗尔斯成为纽约州历史上第一位黑人州长的事实，鼓励当代大学生确立马克思主义的科学信仰和中国特色社会主义的共同理想，要有"天生我材必有用"的坚定信念，并能始终不渝地坚守这份信念，相信自己并不懈奋斗，人生定会有一份沉甸甸的收获。即使上不了综合性大学的高职生，只要立足本职，确立正确的职业理想，并坚持不懈，也会在建设中国特色社会主义事业中大有作为。为此，当代高职生应珍惜在校时光，脚踏实地，打下丰厚的理论基础，练就一身过硬的技能本领，成为名副其实的高素质技能型专门人才，用自己所学知识和技能奉献于社会，为建设创新型国家做贡献。

本案例适合于《思想道德修养与法律基础》第二章第一节内容中信念的含义和特征部分的教学，也适合于第二章第一节内容中理想信念是精神之"钙"部分的教学。

案例三 一个青年学子对当代中国社会的思索与呐喊

【案例呈现】

徐海珊中等偏矮的个头，一副典型广东人相貌，衣着朴素而整齐，眼神平静而机敏。他出生在广东平远县的一个客家山村，高中时就入了党。1998年9月，徐海珊考进中南民族学院法律系，成了都市里的大学生，还担任着法学院学生党支部副书记的职务。但是，他无法忘记生他养他的故乡——粤北农村，还有在那块土地上艰辛劳作的父老乡亲。于是，他开始关注中国农村问题。

青春挑起担子，就算没有能力去改变，也有责任去关注

1999年，中国吹响了向西部进军的号角，广大的中西部地区进入了徐海珊的视野。他决意深入西部，了解西部，帮助西部贫困的人们。徐海珊第一次走进西部，是在大一暑假，除了简单的行囊外，他还带了500本自己撰写、自费出版的小册子《幸福课堂》。徐海珊说，《幸福课堂》是他送给西部老乡和孩子们的第一份礼物。《幸福课堂》是一本类似于小学课本的文化扶贫扫盲读物，专门为贫困地区的文盲和失学、辍学的孩子们写的。为了写这本书，徐海珊走访了湖北省扶贫办等有关部门，收集和阅读了上百万字的资料，为了使这本书通俗易懂，一个个夜深人静的夜晚，徐海珊在学校澡堂昏暗的灯光下一遍遍地修改、润色。

1999年7月15日，徐海珊上路了，云南省禄劝彝族苗族自治县是第一站，这也是海珊第一次独自去一个完全陌生的地方。

2000年5月，徐海珊利用"五一"长假，第二次走进西部，考察了陕西省部分贫困地区。那次"西行"，徐海珊对西部贫困地区的两种现状产生了兴趣：农村基础教育和生态环境保护。

2000年7月，带着这两项社会调查课题，徐海珊第三次踏上了向西部进发的征程。青海、甘肃、新疆、宁夏、内蒙古，一路走来，映入眼帘的是一片片寸草不生的荒漠、一张张被贫困折磨得沟壑纵横的面容，还有那一双双渴望知识的眼睛，徐海珊感受着西部的苍凉与贫瘠，感觉自己肩膀上的那副担子愈发地沉重起来。在新疆昌吉回族自治州奇台县，他和县林业局官员同车赶往古尔班通古特大沙漠边缘的西北湾乡考察。路上，开车的师傅不断向他叹气说："别人逃都逃不掉的地方，你这个大学生偏要去，现在不要说西北湾乡了，就是奇台县城弄不好也要迁走了。"到了西北湾乡他才知道，开车的师傅并非危言耸听。近20年来，古尔班通古特大沙漠以每年几十米的速度由北向南推进，沙漠所到之处，树枯、房倒、人走。近年来，光西北湾牧场就迁走了20户人家，站在沙漠边缘望过去，被沙丘掩埋的房屋，屋顶依稀可见，可是曾经住在那里面的人却已沦为生态难民了。牧场小学，由于沙漠的一次次逼近，10年间已经往南迁建了三次。在宁夏，徐海珊第一站去了同心县喊水乡。这是一个严重缺水并且水源含氟过高的乡村，可现在就连这样的劣质水源几乎也没有了。当地不少老百姓就靠借钱或者扶贫款挖水窖，收集雨水饮用。从甘肃山丹县横穿戈壁到达内蒙古阿拉善右旗额肯呼都格镇，狂风咆哮着卷起沙土砸在徐海珊脸上，街道上冷清清的，偶尔传来几声狗叫。阿拉善右旗农牧林业局的官员告诉他，那里平均每年刮大风的日子就有260多天，不仅风大，而且沙多、雨少。牧民为了增加收入过度放牧，使草场植被遭到严重破坏，草场大面积地退化、沙化，沙化土地竟占到全旗总面积的97%，已有2 000多名牧民沦为生态难民。

徐海珊很无奈：作为一个在校大学生，他并没有多少能力去帮助贫困地区和贫困群体，但是，他说他有责任去关注，并有责任去呼吁更多的人来关注他们。

沿着褐黄色的山脉走进青海省民和回族土族自治县核桃庄乡，徐海珊看到的依然是令人压抑的落后封闭和难以生存的环境。有天傍晚，在借住地，他看到一个衣衫褴褛的小女孩儿正吃力地提着一桶水。刚走过去，小女孩儿看到这位陌生人满脸的胡子，惊恐地扔下水桶跑进了一间歪歪倒倒的土坯房。小女孩儿叫冶海力买，是个乡村孤儿，父亲去世，母亲改嫁，叔婶收留了她。她已经11岁了，冶海力买还没上过学。大库都村是核桃庄乡最偏僻最穷的村，村民散居在海拔2 000多米的高山上。徐海珊天刚蒙蒙亮就从乡政府出发，翻山越岭，午后才赶到大库都村。村子周围的山全都光秃秃的，当地农民说，这里十年九旱，常常颗粒无收。听说徐海珊是来了解儿童失学情况的，村民们纷纷带着孩子围过来，有的是单亲家庭的孩子，有的是失去父母的孤儿，有的是家里太穷念不起书的孩子。在那个才三四十户人家的村子，失学、辍学的孩子就有十几个。在核桃庄乡另一个村子，徐海珊打着手电去找一个叫冶玉兰的小女孩儿。13岁的小玉兰，又瘦又矮，正发着烧，一直咳个不停。村里人说，这娃命苦，她爸出去打工摔死了，家里老奶奶病在床上，还有两个弟弟，都由她妈一人拉扯着。第二天清早，他将小玉兰带到乡医院，医生检查出她患了肺炎。帮她打了吊针后，他让医生加开了半个月的药。他交了药费后又给了小玉兰一些钱，并资助她继续念初中。离开民和的前一天，徐海珊又去了冶海力买家，专门带她进县城买了衣服、鞋袜和书包，并争取到了家住县城的核桃庄乡学区校长吴振邦的支持，减免冶海力买的入学杂费，其余的费用由他直接资助。徐海珊临走前，抚养冶海力买的婶婶请求他为只有经名的冶海力买取了个正式的名字。整整一个暑假，徐海珊走访了西北6个省区27个县市区旗，他考察了农村教育和生态环境，特别调查了少数民族贫困地区的女童教育问题。

关怀，就是拥责任入怀，拥苍生入怀

在联合国总部，高悬着一只"贫困钟"。钟面上的红色数字随着秒针的跳动飞快地增长，它时时刻刻提醒人们，地球上，每分钟就有47人加入庞大的贫困队伍。它让人们记住在这个世界上还有另一种生命：需要关爱与帮助的贫困苍生。到西北考察的日子里，徐海珊几乎每天都面对贫困，它让他有一种喘不过气来的沉重。没有去过的人，不会有这种感受。而去过的人就永远会有一种牵挂，有一种放心不下的沉重。就像他在《苍生》一书中写的那样："忧患就是一种沉重、深刻而且痛苦的清醒。我们宁愿选择一种最痛苦的清醒，也不愿活在麻醉了的冷漠之中。因为我们知道，活着的痛比糊涂的死更有价值。更何况，忧患的痛是为了更多的不痛……"

为此，从1999年开始，徐海珊就着手构建中国校园慈善公益事业体系，在《苍生》一书的附录里，我看到了徐海珊为建立这个体系所做的努力——发起大型公益捐赠活动、办主题影展、设专题论坛、建希望图书室、自费出版大学生文化扶贫报……他在为贫困地区和贫困群体呐喊、呼吁。

是的，我们的青春除了美丽和灿烂，我们躲不开一副担子，那就是时代的责任、历史的使命

从西部回来，徐海珊又先后利用假期考察了大别山腹地的贫困县——湖北的英山、罗田、麻城，安徽的金寨，以及河南的部分地区。大学四年，许海珊一进中原，三进西部，三进大别山，行程五万里，足迹遍布中西部11个省、自治区的51个县、市、区、旗，其中包括25个国家级贫困县，带回来一本本考察笔记和沉重的思考。

从1999年读大一那年开始，徐海珊开始构建中国校园慈善公益事业体系。徐海珊在大学里举办"悯苍情怀"讲座，呼吁高校学子走进生活底层，培养忧患意识和国情意识，在反省和忧患中，修炼博爱情怀；他创办"反贫困论坛""女童教育论坛"，倡议建立中国大学生反贫困行动机制。这几年，徐海珊组织各类慈善活动为贫困地区送去了价值超过13万元的物品。让他感到欣慰的是，在为校园公益事业奋斗的过程中，他并不孤独，一大批有志青年与他并肩同行。2000年7—9月，徐海珊组织"西北扶贫助学计划"，发动同学结对资助他在青海高原摸底登记的15名失学儿童；2001年7月海珊又发起组织首届中国大学生百县乡村孤儿考察计划，招募154名青年志愿者，分赴全国16个省、自治区、直辖市的122个市、县、区开展专题调查，并在高校举办汇报展。他还率先提出绿色爱心文化命题，倡导悯怜自然、敬畏生命、关怀危机的绿色爱心，发起并主持了"感恩地球，真爱自然"，"2000地球千年——武汉在行动"大型环保活动，组织大学生环保志愿者开展人口资源环境问卷调查，22所高校的大学生作出了"绿色爱心承诺"；徐海珊还以"兄弟姐妹一家人"为主题，发起了城乡孩子联谊活动，创办了中国大学生文化扶贫第一报——《希望》；他和同学们在湖北荆州私立孤儿教养院设立了"立志爱心教育基地"，组织大学生帮教孤儿。2001年12月，徐海珊被湖北省慈善总会推荐提名为"国际联合劝募协会2002年世界大会奖杰出志愿者";2002年3月,徐海珊又被确定为2001年中国十大杰出志愿者候选人,并被评为中国百名优秀志愿者。对于荣誉,徐海珊有着清醒的认识。"我觉得我这些年所做的一切,没有任何崇高的动机。恰恰相反,它只不过是一个大学生应该具备的一种社会良知和对社会应该承担的一种责任。关怀弱势群体,我觉得我就应该挑起这副担子,也希望更多的人能够与我和我身边的具有共同志向之人,共同挑起这副担子。"

如果说,当初徐海珊对农村的关注只是一个农家子弟挣不脱的农村情结,只是对农村父老乡亲的一种愧疚,那么后来,他已清醒地认识到,在我们这个农村人口占多数的国度,农村问题就是中国问题。没有农村的现代化,就不可能有中国的现代化。关注农村,就是关注中国的未来。

——据吴瑟雯的《一个大学生的反贫困之旅》(《中国青年》2002年第24期)改编

【思考讨论】

(1) 徐海珊作为一个在校大学生,他并没有多少能力去帮助贫困地区和贫困群体,可他为什么说他有责任去关注,并有责任去呼吁更多的人来关注他们?

(2) 请结合案例思考作为一名当代中国大学生应该树立什么样的人生理想与信念?联系自身实际,谈谈如何树立正确的职业理想?

【案例点评】

目前,一小部分大学生理想信念缺失,认为"理想理想,有利就想,信什么不如信金钱和自己",在一些同学因为没有奋斗目标而空耗时光,因为生活贫困而自卑失落,甚至因为失恋、上网而不能自拔时,徐海珊同学却"悯怀弱者、心系苍生",肩负一个中国大学生的社会理想和历史责任,积极为贫困地区和贫困群体呐喊、呼吁,关注中国农村和中国的未来。

徐海珊同学之所以能做到"悯怀弱者、心系苍生",是因为他在大学时代树立了科学的理想信念。徐海珊同学是坚定马克思主义信仰,为建设中国特色社会主义、实现中华民族伟大复兴共同理想而奋斗的大学生楷模。当代大学生肩负着祖国和民族的希望,承载着家庭和亲人的嘱托,满怀着对未来美好生活的向往。同学们在大学期间,不仅要提高知识水平,增强实践才干,更要坚定科学、崇高的理想信念,明确做人的根本,这对于同学们成长成才具有重要的意义。人才和知识在经济发展,特别是在知识经济的发展中占有十分重要的地位。大学生是拥有现代科学知识的人才群体,这就决定了他们在未来经济发展中将发挥重要的作用。高素质创新人才,不仅应具备较高的科技知识水平和能力,而且应具备较高的思想道德素质。在人才的综合素质中,思想道德素质居于重要地位。而理想信念又是思想道德素质的核心。我们的青春除了美丽和灿烂,我们躲不开一副担子,那就是时代的责任、历史的使命。虽然我们当前的主要任务是完成学业,顺利成才,但请不要忘记自己作为一名大学生应该树立的崇高人生理想信念。我们在确立职业理想之时应该脚踏实地,热爱自己所学专业,勤奋学习,刻苦钻研,打下丰厚的理论基础,练就一身过硬的技能本领,以认认真真做好本职工作为自己的奋斗目标,而不是好高骛远;要有能认认真真地做自己的工作,对工作执着认真、精益求精的精神。

【教学建议】

本案例通过讲述徐海珊同学"悯怀弱者、心系苍生",积极为贫困地区和贫困群体呐喊、呼吁,肩负一个中国大学生的社会理想和历史责任的故事,教育当代大学生,青春不要在庸碌中苍白,要加强思想道德修养,提高精神境界,牢牢把握理想信念这个核心,自觉确立马克思主义的科学信仰,树立在中国共产党领导下走中国特色社会主义道路、为实现中华民族伟大复兴而奋斗的共同理想。让青春在服务人民、奉献社会中绽放夺目的光彩。

本案例适合于《思想道德修养与法律基础》第二章第三节在实现中国梦的实践中放飞青春梦想部分的教学。

案例四 理想信念演讲稿及诗歌选读

【案例呈现】

理　想
（流沙河）

理想是石,敲出星星之火;
理想是火,点燃熄灭的灯;
理想是灯,照亮夜行的路;
理想是路,引你走向黎明。
饥寒的年代里,理想是温饱;
温饱的年代里,理想是文明。
离乱的年代里,理想是安定;
安定的年代里,理想是繁荣。
理想如珍珠,一颗缀连着一颗,
贯古今,串未来,莹光无尽。
美丽的珍珠链,历史的脊梁骨,
古照今,今照来,先辈照子孙。
理想是罗盘,给船舶导引方向;
理想是船舶,载着你出海远行。
但理想有时候又是海天相吻的弧线,
可望而不可即,折磨着你那进取的心。
理想使你微笑地观察着生活;
理想使你倔强地反抗着命运。
理想使你忘记鬓发早白;
理想使你头白仍然天真。
理想是闹钟,敲碎你的黄金梦;
理想是肥皂,洗濯你的自私心。

理想既是一种获得，
理想又是一种牺牲。
理想如果给你带来荣誉，
那只不过是它的副产品，
而更多的是带来被误解的寂寥，
寂寥里的欢笑，欢笑里的酸辛。
理想使忠厚者常遭不幸；
理想使不幸者绝处逢生。
平凡的人因有理想而伟大；
有理想者就是一个"大写的人"。
世界上总有人抛弃了理想，
理想却从来不抛弃任何人。
给罪人新生，理想是还魂的仙草；
唤浪子回头，理想是慈爱的母亲。
理想被玷污了，不必怨恨，
那是妖魔在考验你的坚贞；
理想被扒窃了，不必哭泣，
快去找回来，以后要当心！
英雄失去理想，蜕作庸人，
可厌地夸耀着当年的功勋；
庸人失去理想，碌碌终生，
可笑地诅咒着眼前的环境。
理想开花，桃李要结甜果；
理想抽芽，榆杨会有浓阴。
请乘理想之马，挥鞭从此起程，
路上春色正好，天上太阳正晴。

作品赏析

流沙河一生坎坷，遭遇许多重大事件，但仍坚持理想，并为之奋斗。但1957年被错划为右派。1978年党的十一届三中全会为他平反昭雪，重回文联工作；他当时已经48岁，仍然对理想矢志不渝，欣然提笔写下这首诗。火一样的热情流淌在诗歌中，让读者体会到了诗人乘上理想之马，挥鞭从此启程的豪情壮志。

这是一首哲理诗，耐人寻味的也是诗中的哲理情趣。例如，"理想使你微笑地观察着生活"，意思是说理想使人乐观。"理想使你倔强地反抗着命运"，意思是说理想使我们充满斗志，鼓舞我们顽强不屈地奋斗。"理想既是一种获得，理想又是一种牺牲。""理想使忠厚者常遭不幸；理想使不幸者绝处逢生。"这些诗句都包含着深刻的人生哲理。我们翻看那些为理想而奋斗的英雄们的经历，结合自己的生活观察和体验，可以为这种哲理做准确的诠释。

名人经典演讲稿一：林肯在葛底斯堡演讲

八十七年之前，我们的祖先在这大陆上建立了一个国家，它孕育于自由，并且投身给一种理念，即所有人都是小时候起平等的。

时下,我们正在进行一次伟大的内战,内战在考验这个国家,或任何一个有这种主张和这种信仰的国家,是否能长久存在。我们在那次战争的一个伟大的战场上集会。我们来到这里,奉献战场上的一部分土地,作为在此地为国家的保存而牺牲了自己生命的人的永世眠息之所。我们这样做,是十分合情合理的。

可是,就更深一层意义而言,我们是无从奉献这片土地的——无从使它成为圣地——也无法把它变为许多人景仰之所。那些在这里战斗的猛士,活着的和死去的,已使这块土地神圣化了,远非我们的菲薄能力所能左右。世人很少会注意,更不会长久地记住我们在此地所说的话,然而他们将永远忘不了这些人在这里所做的事。相反,我们活着的人应该投身于那些曾在此作战的许多人所英勇推动而尚未完成的事情。我们应该在此投身于我们面前所留存的伟大事情,由于他们的牺牲,我们要更坚定地致力于他们未完成的事业,我们在此立志宣誓,不能让他们白白死去,要使这个国家在天主的保佑之下,获得新生的自由,要使那民有、民治、民享的政府不致从地球上消失。

名人经典演讲稿二:陶行知校长的演讲

各位同学:

今天我想和大家谈四个问题,叫作"每天四问"。

第一问,自己的身体有没有进步?有,进步了多少?为什么要这样问?因为健康是生命之本,有了健康的身体,我们才有本钱去寻求幸福,实现崇高的理想。否则,一切都将是空的。健康的身体,离不开自觉持久的锻炼,离不开科学合理的生活和作息。希望你们从小树立"健康第一"的观念,筑起"科学的健康堡垒"。

第二问,自己的学问有没有进步?有,进步了多少?为什么要这样问?因为"学问是一切前进活力的源泉"。我们是学生,求知是我们的主要任务,有了学问,将来才能更好地造福于社会。要想自己的学问有进步,就要专心致志,就要有坚韧不拔的意志力。要认准目标,钻进去,展开来。这样,我们就能够达到胜利的彼岸。

第三问,自己担任的工作有没有进步?有,进步了多少?为什么要这样问?因为工作的好坏对我们今天和未来都有很大的影响。在学校和班集体中,你们多多少少都承担着一些工作,如值日、值勤、班级和学校的管理,等等。这些工作虽然都是一些小事,却能培养我们的责任心,锻炼我们的办事能力,是我们将来步入社会做大事的基础。认真负责地做好自己手上的每一件事情,这也是一种学习、一种和听课、读书、作业同样重要的学习。

第四问,自己的道德有没有进步?有,进步了多少?为什么要这样问呢?因为道德是做人的根本。根本一坏,即使你有一些学问和本领,也不会成为对社会有用的人。社会的稳定和国家的发展,需要每个人既要讲究"公德",也要讲究"私德",要"建筑人格长城"。我们到学校里来,除了要学习文化知识,更要紧的是要学习做人,学习做"真人"。

以上我谈的就是"每天四问"。如果我们每天都这样问问自己,这样地激励和鞭策自己,我们就一定能在身体健康、学问进修、工作效能、道德品格等方面有长足的进步。

名人经典演讲稿三:李嘉诚汕头大学的演讲《柠檬汁人生观》

同学们:

大家好!

我成长的年代,香港社会艰苦,是残酷而悲凉的。那时候没有什么社会安全网,饥饿与疾病的恐惧是强烈迫人的。求学的机会不是每一个人的权利,贫穷常常像一种无期徒刑。今天社会前行，新的富足为大部分人带来了相对的缓冲保障，贫穷不一定是缺乏金钱，而是对希望及机遇憧憬破灭的挫败感。

人生的过程中尽管不无遗憾，但我学到最价值连城的一课——逆境和挑战只要能激发起生命的力度，我们的成就是可以超乎自己的想象的。

很多人害怕可上升的空间越来越窄，一辈子也无法冲破匮乏与弱势的局限。我理解这些恐惧，因我曾经一一身受。没有人愿意贫穷，但出路在哪里？

七十年前这问题每一个晚上都在我心头，当年十四岁时已需要照顾一家人，没有接受教育的机会，没有可以依靠的人脉网络，我很怀疑只凭刻苦耐劳和一股毅力，是否足以让我渡过难关？我们一家人的命运是否早已注定？纵使我能糊口存活，但我有否出人头地的一天？

我迅速发现没有什么必然的成功方程式，应该首要专注的是，把能掌控的因素区分出来。如果成功是我的目标，驾驭一些我能力内可控制的事情是扭转逆境十分重要的关键。我要认清什么是贫穷的枷锁，我一定要有摆脱疾病、愚昧、依赖和惰性的方法。

比方说，当我发觉染上肺结核病时，在全无医疗照顾之下，我便下定决心，对饮食只求营养不求喜恶、适当地运动及注重整洁卫生，捍卫健康和活力。此外，我要拒绝愚昧，要持之以恒地终身追求知识，经常保持好奇心和紧贴时势增长智慧，避免不学无术。在过去七十多年里，虽然我每天工作十二小时，但是下班后我必定学习。告诉你们一个秘密，在过去一年，我费很大的力气，努力理解进化论演算法里错综复杂的道理，因为我希望了解人工智慧的发展，以及它对未来的意义。

无论在言谈、许诺，还是在设定目标等方面，我都慎思和严守纪律，一定不能给人脆弱和依赖的印象。这个思维模式不但可以作为对成就的投资，更可以建立诚信；你的魅力，表现在你的自律、克己和谦逊中。

所有这些元素连接在一起功效非凡：它能渐渐凝聚与塑造一个成功基础，帮助你应付控制范畴以外的环境。当机遇一现，你已整装待发，有本领和勇气踏上前路。纵使没有人能告诉你前路是怎样的一道风景，生命长河将流往何方，然而，在这过程中，你会领悟到邱吉尔多年的名言："只要克服困难，就是赢得机会。一点点的态度，却能造成大大的改变。"

生命抛来一颗柠檬，你是可以把它转榨为柠檬汁的人。要描绘自己独特的心灵地图，你才可以发现热爱生命的你，有思维、有能力、有承担、建立自我的你，有原则、有理想、追求无我的你。

——理想信念演讲稿及诗歌选读作品均来源于百度

视频资料

（1）观看第二章其他案例"尼克胡哲 励志短片"视频，请扫描此二维码。

（2）观看第二章其他案例"蜗牛"视频请扫描此二维码。

（3）微视频：01"解读理想"。

（4）微视频：02"信念"。

（5）微视频：03"理想信念作伴"。

考考你

一、单项选择（请将正确答案的字母填写在括号内）

1. 理想信念是人类特有的（　　）现象。
　　A. 精神　　　　　　B. 物质　　　　　　C. 生理　　　　　　D. 物理
2. 大学生只有确立（　　）的科学信仰，才能真正确立崇高的理想信念，在错综复杂的社会现象中看清本质、明确方向，为服务人民、奉献社会做出更大的贡献。
　　A. 共产主义　　　　B. 马克思主义　　　C. 理想主义　　　　D. 现实主义
3. 在中国共产党领导下，坚持和发展中国特色社会主义，实现中华民族伟大复兴，必须树立（　　）共同理想。
　　A. 中国特色社会主义　　　　　　　　　B. 马克思主义

C. 理想主义　　　　　　　　　D. 现实主义
4. （　　）是实现理想的重要条件。
   A. 艰苦奋斗　　B. 物质条件　　C. 生理条件　　D. 环境
5. 中国民主革命的先行者（　　）曾激励广大青年：要立志做大事，不要立志做大官。
   A. 李大钊　　　B. 孙中山　　　C. 胡适　　　　D. 陈独秀
6. 社会理想是指社会集体乃至社会全体成员的共同理想，即在全社会占（　　）地位的共同奋斗目标。
   A. 特殊　　　　B. 一定　　　　C. 一般　　　　D. 主导
7. 共产主义是崇高的社会理想，是关于（　　）解放的学说，同时也是一种现实运动。
   A. 资产阶级　　B. 地主阶级　　C. 无产阶级　　D. 农民阶级
8. 党政军民学，东西南北中，（　　）是领导一切的。
   A. 党　　　　　B. 政　　　　　C. 军　　　　　D. 民
9. （　　）是最高层次的信念，具有最大的统摄力。
   A. 信仰　　　　B. 理想　　　　C. 精神　　　　D. 胜利
10. （　　）是衡量一个人精神境界高下的重要标尺。
    A. 理想信念　　B. 无私奉献　　C. 努力奋斗　　D. 道德高尚

二、多项选择（请将正确答案的字母填写在括号内）

1. 理想是多方面和多类型的，根据不同的标准，可分为个人理想和社会理想，近期理想和远期理想，（　　）等。
   A. 生活理想　　B. 职业理想　　C. 道德理想　　D. 政治理想
2. 共产主义是（　　）相统一的过程。
   A. 现实运动　　B. 长远目标　　C. 理想运动　　D. 中期目标
3. 个人理想是指处于一定（　　）中的个体对于自己未来的物质生活、精神生活所产生的种种向往和追求。
   A. 现实条件　　B. 环境关系　　C. 历史条件　　D. 社会关系
4. 墨子说"志不强者智不达"，诸葛亮说"志当存高远"。这里的"志"具有双重含义：（　　）。
   A. 对未来目标的向往　　　　　B. 实现奋斗目标的顽强意志
   C. 对未来成长的向往　　　　　D. 实现人生幸福的顽强意志
5. （　　），是当代中国最大的现实，也是全体中国人民共同的社会理想。
   A. 坚持和发展中国特色社会主义　　B. 实现中华民族的伟大复兴
   C. 坚持和发展共产主义　　　　　　D. 实现中华民族的强大

三、判断对错（在括号内填写答案，正确的填写 T，错误的填写 F）

1. 理想之所以能够成为一种推动人们创造美好生活的巨大力量，就在于它不仅源于现实，而且超越现实。（　　）
2. 离开了实践，任何理想的产生都是不可思议的。（　　）
3. 信念一旦形成，就不会轻易改变。（　　）

4. 理想指引方向，信念决定成败。（ ）
5. 马克思主义具有与时俱进的理论品格和持久生命力。（ ）
6. 中国共产党的领导是中国特色社会主义最本质的特征。（ ）
7. 共产主义远大理想的最终实现是一个漫长、艰辛的历史过程，需要一代又一代人付出艰苦的努力。（ ）
8. 理想与现实是对立统一的。（ ）
9. 社会理想以个人理想为指引。（ ）
10. 个人理想是对社会理想的凝练和升华。（ ）

一、单项选择 1. A 2. B 3. A 4. A 5. B 6. D 7. C 8. A 9. A 10. A 二、多项选择 1. ABCD 2. AB 3. CD 4. AB 5. AB 三、判断对错 1. T 2. T 3. T 4. T 5. T 6. T 7. T 8. T 9. F 10. F	参考答案

第三章　弘扬中国精神

明犯强汉者，虽远必诛！

——《汉书·陈汤传》

为天地立心，为生民立命，为往圣继绝学，为万世开太平。

——北宋大儒·张横渠

做人最大的事情是什么呢？就是要知道怎样爱国。

——孙中山

"实现中国梦必须弘扬中国精神。这就是以爱国主义为核心的民族精神，以改革创新为核心的时代精神。这种精神是凝心聚力的兴国之魂、强国之魂。"

——习近平

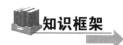

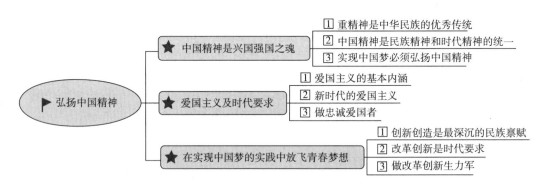

【知识目标】

1. 充分认识重精神是中华民族的优秀传统。

2. 进一步明确中国精神，理解弘扬中华民族精神的必要性和意义。
3. 全面把握新时代爱国主义的丰富内涵和根本要求。
4. 充分认识爱国是当代大学生必备的政治觉悟、价值规范和道德情感。

【能力目标】

1. 继承和弘扬中国精神，明确新时代的爱国主义要求，增强当代大学生的社会责任感和使命感。
2. 帮助大学生进一步明确新时期爱国主义的时代价值。
3. 充分认识改革创新是当代中国最突出、最鲜明的特点。激励大学生要在改革创新的实践中奉献祖国、服务人民、实现价值，让改革创新成为青春远航的强大动力。
4. 引发学生对时代、国情进行思考，引导他们在新的时代条件下，以理性的方式表达爱国之情。

【素质目标】

1. 培养大学生的爱国情怀，把爱国之情转化为爱国之志，做一名忠诚的爱国者。
2. 激励大学生珍惜人生中最具创新创造活力的宝贵时期，有敢为人先、开拓进取的锐气，有逢山开路、遇河架桥的意志，在创新创造中不断积累经验、取得成果、演绎精彩。
3. 增强国防观念，掌握国防知识，发扬爱国主义精神，自觉履行国防义务，奉献爱国真情。帮助大学生学会自觉承担实现中华民族伟大复兴的历史重任，以实际行动报效祖国。

【教学重点】

充分认识中国精神作为兴国强国之魂，是实现中华民族伟大复兴不可或缺的精神支撑和精神动力。明确新时代大学生爱国主义的时代价值，并在实践中践行爱国行动。

【教学难点】

继承和弘扬中国精神，正确认识在经济全球化背景下弘扬爱国主义精神的现实意义。如何把爱国之情转化为立志成才之志、报国之情，自觉承担起实现中华民族伟大复兴的重任？

知识梳理

一、中国精神是兴国强国之魂

（一）重精神是中华民族的优秀传统

（1）中华民族崇尚精神的优秀传统，首先表现在对物质生活与精神生活相互关系的独到理解上。
（2）中华民族崇尚精神的优秀传统，也表现在中国古人对理想的不懈追求上。
（3）中华民族崇尚精神的优秀传统，亦表现在对道德修养和道德教化的重视上。
（4）中华民族崇尚精神的优秀传统，还表现为对理想人格的推崇。
（5）中国共产党是中华民族重精神优秀传统的忠实继承者和坚定弘扬者。

（二）中国精神是民族精神和时代精神的统一

以爱国主义为核心的民族精神和以改革创新为核心的时代精神，构成了中国精神的基本内容。

1. 以爱国主义为核心的民族精神

民族精神是一个民族在长期共同生活和社会实践中形成的，为本民族大多数成员所认同的价值取向、思维方式、道德规范、精神气质的总和，是一个民族赖以生存和发展的精神支柱。在5 000多年的历史发展中，中华民族形成了以爱国主义为核心的伟大民族精神。

（1）伟大创造精神。
（2）伟大奋斗精神。
（3）伟大团结精神。
（4）伟大梦想精神。

2. 以改革创新为核心的时代精神

时代精神是一个国家和民族在新的历史条件下形成和发展的，是体现民族特质并顺应时代潮流的思想观念、价值取向、精神风貌和社会风尚的总和，是一种对社会发展具有积极影响和推动作用的集体意识。

改革创新精神是时代精神的核心，贯穿于改革开放的全部实践，体现在时代精神的各个方面。改革是破除社会发展障碍、激发社会发展活力的引擎，创新则是民族进步的灵魂、国家兴旺发达的动力。

3. 民族精神与时代精神的辩证统一

民族精神与时代精神紧密关联，都是一个民族赖以生存和发展的精神支撑。

（三）实现中国梦必须弘扬中国精神

（1）凝聚中国力量的精神纽带。
（2）激发创新创造的精神动力。
（3）推进复兴伟业的精神定力。

二、爱国主义及时代要求

（一）爱国主义的基本内涵

爱国主义体现了人们对自己祖国的深厚感情，揭示了个人对祖国的依存关系，是人们对自己家园以及民族和文化的归属感、认同感、尊严感与荣誉感的统一。它是调节个人与祖国之间关系的道德要求、政治原则和法律规范，也是中华民族精神的核心。

（1）爱祖国的大好河山。
（2）爱自己的骨肉同胞。
（3）爱祖国的灿烂文化。
（4）爱自己的国家。

爱国主义是历史的、具体的，在不同的历史条件和文化背景下所形成的爱国主义，总是具有不同的内涵和特点。

（二）新时代的爱国主义

（1）坚持爱国主义和社会主义相统一。
（2）维护祖国统一和民族团结。
（3）尊重和传承中华民族历史和文化。
（4）必须坚持立足民族又面向世界。

（三）做忠诚爱国者

（1）维护和推进祖国统一。
（2）促进民族团结。
（3）增强国家安全意识。

三、在实现中国梦的实践中放飞青春梦想

（一）创新创造是最深沉的民族禀赋

（二）改革创新是时代要求

（1）创新始终是推动人类社会发展的第一动力。
（2）创新能力是当今国际竞争新优势的集中体现。
（3）改革创新是我国赢得未来的必然要求。

（三）做改革创新生力军

（1）树立改革创新的自觉意识。
（2）增强改革创新的能力本领。

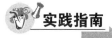
教学模式建议

本章的教学方式为理论教学与师生学习共同体教学（大学生讲思政课），课时分配为6，其中理论学时为2、积分为3，2次师生学习共同体教学，学时共为4，积分共为4，师生学习共同体教学（大学生讲思政课），要求教师提前3周设计教学活动及面向广大学生下发活动方案、任务书。

实践指南

项目一　大学生讲思政课

大学生讲思政课活动方案

为了深入学习贯彻党的十九大精神，更好地落实全国高校思想政治工作会议精神，充分

发挥思政课在大学生思想政治教育中的主渠道作用，进一步增强大学生对思政课的参与感、获得感，坚定大学生对马克思主义理论和习近平新时代中国特色社会主义思想的理论认同，展现当代大学生奋发向上、锐意进取的精神风貌，经学院研究决定，开展学院大学生讲思政课大赛，具体方案如下。

一、指导思想

高举习近平新时代中国特色社会主义思想伟大旗帜，以聚焦中国特色社会主义新时代、践行核心价值观、凝聚最美中国梦为宗旨，着力提升大学思政课教学的亲和力和针对性，切实增强学生对思政课的参与度和获得感。通过大学生自己讲思政课培养学生的学习意识和团队协作意识；使学生从"教"与"学"的角度重新认识思政课，激发思政课教师和学生的创新能力，促进我校思政课教学方法改革。

二、活动主题

本次活动以"弘扬中国精神　做新时代真正爱国者"为主题，发挥大学生在思政课学习中的主体地位，调动学生学习思政课的积极性、主动性和创造性。

三、活动对象

全体教学班。

注：以团队为单位参赛。

四、活动要求

（1）以团队为单位，团队成员共同协作，制作讲稿、PPT（标题页面标注团队人员及分工），推荐1人负责课程讲授。

（2）讲课内容：围绕《思想道德修养与法律基础》教材第三章弘扬中国精神章节，选取其中一个知识点，进行教学设计、开展教学尝试，展现当代大学生的理论素养和精神风貌。

（3）讲课时间：15分钟展现授课过程。

（4）本次活动拒绝有国家法律、法规明令禁止的内容参赛。

（5）团队有义务配合学院进行活动相关环节的宣传推介和展示。

（6）特殊说明：严禁恶搞红色经典及英雄人物、格调低俗的内容；严查价值导向偏差、含有法律法规禁止内容的作品，情节严重的，依法从重处理。要求学生严肃对待经典革命题材文化作品，尊重历史、敬重经典、礼赞英雄，自觉抵制和清除不良内容。

（7）每个学生在活动结束后上交任务书。

五、活动考核标准

（1）教学设计主题鲜明、构思精巧、创意独特，讲授逻辑清晰、表现新颖，给予满分4积分。不参与活动的学生给予0积分。

（2）其他学生由教师酌情给予积分。

六、时间安排

教师提前3周进行活动布置,活动分为四个阶段。具体安排如下。

1. *活动启动、准备阶段。*

学生在教师布置活动后,以团队为单位进行分工、演练。

2. *一轮指导阶段。*

工作布置第一周后,团队队长向思政教师反馈制作、演练等情况,教师进行指导后团队进行作品整改。

3. *二轮指导阶段。*

工作布置第三周后,团队队长向思政教师反馈整改情况,教师进行第二轮指导。

4. *课堂展示阶段。*

工作布置第四周后,随堂现场教学展示,顺序由教师决定。

本次课程结束后,所有学生以个人为单位按时间要求上交"思政道德修养与法律基础课程大学生讲思政课任务书"(表3-1)。

表3-1 思政道德修养与法律基础课程大学生讲思政课任务书

分院:　　　班级:　　　专业:　　　导员:　　　电话:

活动名称	大学生讲思政课	作品名称		负责工作	
工作说明					
参与收获					

项目二 "青春与祖国同行"演讲比赛

"青春与祖国同行"演讲比赛活动方案

为激励学生继承和弘扬中国精神，弘扬爱国主义精神，把爱国之情转化为立志成才之志、报国之情，自觉承担起实现中华民族伟大复兴的重任，同时提升广大学生的修养和综合素质，经学院研究决定，开展"青春与祖国同行"思政课实践活动，具体方案如下。

一、指导思想

高举习近平新时代中国特色社会主义思想伟大旗帜，深入学习宣传贯彻党的十九大精神，弘扬中华民族精神，把握新时代爱国主义的丰富内涵和根本要求，引导学生立志在践行伟大中国梦中展现青春、贡献才智。

二、活动主题

本次实践活动以"青春与祖国同行"为主题，以班会形式进行演讲比赛，引导大学生自觉用习近平新时代中国特色社会主义思想武装头脑，充分认识爱国是当代大学生必备的政治觉悟、价值规范和道德情感。

三、活动对象

全体教学班。
注：以个人为单位。

四、活动要求

（1）以个人为单位，所有教学班学生必须参加，班长与学委负责，利用班会时间进行班内比赛，每班遴选3名优秀者参与思政课前演讲。活动结束后以个人为单位上交任务书。

（2）演讲内容：围绕"青春与祖国同行"主题，结合个人和社会实际，设计演讲内容，题目自拟。

（3）主题突出，积极健康；仪表端庄，仪态大方；表达清晰，普通话标准；技巧灵活，感染力强。

（4）时间：5~8分钟。

（5）可以配乐，音乐与内容应相协调，也可制作PPT背景。

（6）本次活动拒绝有国家法律、法规明令禁止的内容参赛。

（7）特殊说明：严禁恶搞红色经典及英雄人物、格调低俗的内容；严查价值导向偏差、含有法律法规禁止内容的作品，情节严重的，依法从重处理。要求学生严肃对待经典革命题材文化作品，尊重历史、敬重经典、礼赞英雄，自觉抵制和清除不良内容。

五、活动考核标准

（一）学生自评

本次比赛全班学生参与，全班学生组成评选小组，对每一个学生成绩进行客观公正的评判。评分标准具体如下。

（1）演讲内容（4分）：主题突出，思想积极向上，内容真实感人，结构完整清晰等。

（2）语言表达（3分）：普通话标准，声音洪亮清楚，表达连贯，语调和语速与演讲内容有机配合，声音与情感有机结合等。

（3）演讲表情（1分）：表情自然并与内容有机结合，声情并茂，感染力强，动作与手势恰到好处等。

（4）仪表仪态（1分）：仪表端庄，服装整洁大方，讲究礼仪。

（5）综合印象（1分）：时间控制，出入场，演讲效果，创意及有关内容。

（二）教师评价

教师分数给予标准：每班遴选3名优秀者参与思政课前演讲并给予满积分，其他同学成绩参考上交任务书且与班长、学委协商确定。

六、时间安排

教师提前进行活动布置，活动分为三个阶段。具体安排如下。

1. 活动启动、准备阶段。

学生在教师布置活动后，以个人为单位进行准备。

2. 班级演讲赛。

确定在班会时间进行班内比赛，每班遴选3名优秀者参与思政课前演讲。以个人为单位上交任务书。

3. 课堂展示阶段。

随堂现场教学展示，顺序由教师决定。

本次课程结束后，所有学生以个人为单位按时间要求上交"思政道德修养与法律基础课程'青春与祖国同行'演讲比赛活动任务书"（表3-2）。

表3-2 思政道德修养与法律基础课程"青春与祖国同行"演讲比赛活动任务书

分院： 班级： 专业： 导员： 电话：

"青春与祖国同行"演讲比赛活动任务书			
活动名称	"青春与祖国同行"演讲比赛活动	活动地点	演讲题目
演讲稿			

续表

活动收获	

项目三　宣讲英雄故事

宣讲英雄故事活动方案

一个强大的国家不会丢弃历史，一个伟大的民族不会忘记英雄。为了弘扬中国精神，为了培育大学生爱国情怀，也为大学生提供一个展示自我的平台，同时提升学生语言表达能力，增强学习动力，经学院研究决定，开展宣讲英雄故事教学活动，活动具体方案如下。

一、指导思想

适应新时代，适应学生个性发展，坚持以科学发展为导向，积极推进校园文化建设为指导思想，讲好英雄故事，传承英雄精神，弘扬中国革命道德教育。

二、活动主题

本次活动以"聆听英雄故事，铭记英雄壮举"为主题，面向全校大一新生开展讲授英雄故事活动。

三、活动对象

我院全体新生。

注：参赛主体为学生团队，团队成员2~4人。

四、活动要求

（1）以班级为单位2~4名学生组建一个讲英雄故事团队，团队成员共同协作，制作讲稿、PPT，推荐1人负责讲授。

（2）讲课时间：3~5分钟。

（3）团队严禁侵权行为，涉及法律责任均由参赛者承担。本次活动拒绝有国家法律、法规明令禁止的内容参赛。

（4）团队有义务配合思政部进行活动相关环节的宣传推介和展示。

（5）特殊说明：严禁恶搞红色经典及英雄人物、格调低俗的内容；严查价值导向偏差、含有法律法规禁止内容的作品，情节严重的，依法从重处理。要求学生严肃对待经典革命题材文化作品，尊重历史、敬重经典、礼赞英雄，自觉抵制和清除不良内容。

（6）每个学生活动结束后上交任务书（表3-3）。

表3-3 思政道德修养与法律基础课程宣讲英雄故事任务书

分院：　　　班级：　　　专业：　　　导员：　　　电话：

活动名称	宣讲英雄故事	作品名称		负责工作	
工作过程及作品说明					
学习收获					

五、活动考核标准

（1）主题鲜明、构思精巧、创意独特，讲授逻辑清晰、表现新颖，给予满分2积分。优秀团队队员在总评成绩基础上加2分，总评成绩不能超过总分100分。不参与活动的学生给予0积分。

（2）其他学生由教师酌情给予积分。

六、时间安排

具体安排如下。

1. 活动布置

时间：教师提前1周布置，学生进行作品准备。

2. 课堂展示阶段

各班级思政教师要本着公平、公正、公开的原则，对作品进行打分。

七、活动纪律

学生应积极参与活动,尊重教师的评判。

教师纪律:遵守公正、公平、公开原则进行评判。

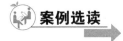
案例选读

案例一 爆炸力学奠基人郑哲敏:报国是不可推辞的责任

【案例呈现】

"爆炸",这个听起来威力无边的词,让人很难与这位笑容可掬的 88 岁老人联系在一起。他是著名力学家、我国爆炸力学的奠基人和开拓者之一郑哲敏院士。2013 年 1 月 18 日,他登上了 2012 年度国家最高科技奖的领奖台。这一年,他 89 岁,献身祖国力学事业已整整 58 个年头,在他老人家的人生体验中始终贯穿着这样的爱国情怀。

"做国家需要的事情"

做国家需要的事情——这是郑哲敏从美国加州理工学院毕业回国前,导师钱学森对他的叮嘱,也成为他人生的主线。

"看得更深一些、更远一些"

求学时,郑哲敏遇到了两位对他影响深远的人——他的大学老师钱伟长和博士生导师钱学森。

"钱学森先生曾对我说,你做这个问题要想到后面更大的问题是什么,这对我的影响很大,就是说不要把眼光只局限在眼前的'小'问题上。"这也成为郑哲敏一生治学的信条。

郑哲敏继承了老师以应用力学为主的方向,他希望用力学打开大门,走进更多行业,在发展高技术、实现传统工业现代化和可持续发展方面发挥作用。

早在 1956 年,郑哲敏就作为钱学森的助手参加了 12 年科学技术发展远景规划中力学学科规划的制定。1977—1999 年,他一直是我国力学学科发展规划的主要领导者和制定者之一。

"他是一位战略科学家,总是比别人看得更深一些、更远一些。"学生兼同事洪友士说。

但郑先生谦逊地说:"我的想法很简单,就想为国家做一些实实在在的事情。"

郑哲敏,1924 年 10 月出生于山东济南。1947 年毕业于清华大学(招生办)机械工程系,1952 年在美国加州理工学院获得博士学位。1955 年回国后在中国科学院力学研究所工作至今,现任所学术委员会名誉主任。1980 年当选中国科学院院士,1993 年当选美国工程院外籍院士,1994 年选聘为中国工程院院士。

他是我国爆炸力学的奠基人和开拓者之一、著名力学家。他阐明了爆炸成形的机理和模型律,与合作者一起提出了流体弹塑性模型,带领团队先后解决了穿甲和破甲相似律等一系列问题。

对于获奖,郑先生坦言心情很复杂,"有了这份荣誉就有了份沉甸甸的责任。我这么大年纪了,还能尽到多少责任?所以总有点欠了什么完不成的感觉。"

接下来一个多小时的采访中,郑先生又多次提到"责任"这两个字,对国家、对力学学科、对学生……他用自己的一生完成着对祖国、对人民重于泰山的责任。

"我们获得教育,直接或间接的是由于全国人民的劳动"

1943年,19岁的郑哲敏以优异的成绩考入西南联合大学(抗战期间国立清华大学、国立北京大学、南开大学在昆明合办的大学),和早一年考入的哥哥一样就读电机系。在这里,郑哲敏第一次开始对当下国家的前途命运以及自己的责任有了更深刻的思考。

怎么样才能富国强民?在经过一番思考和探索之后,生性淡泊名利且对政治不感兴趣的郑哲敏决定投身科学救国。

因为觉得和哥哥学不同专业,能对国家有更大贡献。于是,在进入大学的第二年,郑哲敏从电机系转到了机械系。抗战胜利后,北大、清华、南开三校迁回原址,郑哲敏所在的工学院回到北京的清华园。同年,钱伟长从美国回到清华大学任教,在他的课上,大四的郑哲敏首次接触到弹性力学、流体力学等近代力学理论,钱伟长严密而生动的理论分析引起了他的极大兴趣,从此又走上研究力学的道路。

1948年,经过全国选拔获得"国际扶轮社国际奖学金"的郑哲敏前往美国加州理工学院留学(微博)。在那里,郑哲敏用一年时间获硕士学位后,跟随当时已誉满全球的钱学森攻读博士学位。在学习的过程中,他深受钱学森所代表的近代应用力学学派的影响:着眼重大的实际问题,强调严格推理、表述清晰、创新理论,进而开辟新的技术和工业,这成为郑哲敏后来一生坚持的研究方向和治学风格。

出国留学,是为了归国报效,郑哲敏"从没想过不回国"。然而,中华人民共和国成立后,中国在美留学生归国集体受阻,郑哲敏毕业后不得不先暂时留在美国加州理工学院当助教。但他仍然感到自己像一叶浮萍,扎不下根来,心中时刻牵挂着祖国。

1954年日内瓦会议后,美国移民局取消了对一批留学生不得离境的限制。郑哲敏先生遂于当年9月从纽约乘船离美,回到了阔别6年半的祖国。在"回国留学生工作分配登记表"中,郑哲敏先生写道:"回国本是一贯主张。我们之所以获得教育,直接或间接的是由于全国人民的劳动,因此回国服务是不可推辞的责任。同时一个人如果不是在为群众的利益工作,那么生活便失去了意义。"

承担爆炸力学学科创建重任,"虽然是一个全新领域,但国家需要,我当然义不容辞"

1960年秋天的一个下午,中科院力学所的篮球场上发生了一次小小的爆炸。当响声、硝烟和尘土消散之后,一片薄薄的铁板炸成的一个小碗出现在围观人群的面前。钱学森激动地拿着这个小碗绕场一周,给众人传看。他知道,一个他寄予厚望的新专业即将诞生,而他的得意门生郑哲敏,则是创建这个专业的最佳人选。

同年,爆炸力学这门新学科就诞生了,钱学森在中国科技大学他负责的力学系里开设工程爆破专业,1962年开设爆炸力学专业,并由郑哲敏负责这个专业的具体事宜。与此同时,郑哲敏自己所在的中科院力学所第二研究室也将爆炸力学定为主要学科方向。

"爆炸"这个听起来威力无边的词,其实原本与郑哲敏毫不相干,在回国以前,他连炸药和雷管都不曾听过。

"虽然是一个全新的领域，但国家现在需要我做这个，那么我当然义不容辞。"郑哲敏说。

之后，经过30多年的努力，郑哲敏和他领导的团队在流体弹塑性模型等爆炸力学基础理论，以及核爆效应、穿破甲机理、防护工程、爆炸加工、爆炸安全、爆炸处理水下软基、瓦斯突出机理等爆炸力学主要应用领域取得了一系列有重要影响的成果，为爆炸力学这门学科的成熟、壮大做出了奠基性贡献。

在开拓发展爆炸力学学科的同时，郑哲敏也一直密切关注整个力学学科的发展。他长期担任中国力学相关组织与学术机构的主要负责人，参与和主持制定了一系列重要力学学科及相关科学规划。

"郑先生在促进中国力学国际学术地位的提升等方面也倾尽心血。"力学所副所长杨亚政说，"1988年的时候我陪郑先生到澳大利亚去申办世界力学家大会，一直到2008年我们才申办成功。这期间，郑先生一直带领大家坚持不懈，2008年申办的时候已经是84岁的高龄。我印象中坐飞机时郑先生还随身带了一个吸氧机，以备身体的随时不适。"

2012年，世界力学家大会在北京如期召开，这是大会第一次在发展中国家召开。"当时到了1 700多人，交流的效果也非常好，国际组织对中国的力学研究成果非常认可，这让郑先生很欣慰。"杨亚政说。

以培养青年力学人才为己任，"要潜心做研究，少点社会活动，少点商人气息"

郑哲敏很注重青年人才的培养，一直把培养优秀人才作为己任。

"我很庆幸自己在成长的道路上遇到了很多好的老师，他们对我一生都起到了极其重要的影响。我希望自己对学生也能这样。"郑哲敏说。

李世海是中科院力学所的一名研究员，1984年开始跟郑哲敏作博士论文。他说郑先生不但指导了自己的科研，同时对自己的人生选择也起了很大的作用。他说："郑先生常常教育我们要潜心做研究，少点社会活动，少点商人气息。"

熟悉郑哲敏的人都知道，他"只做雪中送炭，不做锦上添花的工作"。"郑先生从来都是以国家重大的、急迫的需求为选题方向，以深入的科学规律认识和系统的实践检验为标准，做'爬坡的工作''出汗的工作'。"中科院力学所所长樊菁说。

他不但这样要求自己，也同样这样教育自己的学生。"要做国家所需要的，下苦功夫，啃硬骨头。"

"1998年左右，我们搞二期创新，当时西部刚开发，郑先生建议做西部开发，搞一些地质灾害问题的研究。我主动请战，郑先生非常支持，但同时告诉我这事很难做，一定要做好打持久战的准备。之后的10多年里，在这个项目研究过程中，郑先生一直在鼓励和支持我，让我们到现场去做，让我们向工程地质专家学习。后来每次开会，郑先生都是到场亲自指导。在他的帮助下，如今我们已取得了一些不错的进展。"李世海说。

如今，年近90的郑哲敏依旧活跃在科研第一线，对当代年轻科技工作者工作和生活状态也一直很关注。他说，现在的年轻人确实压力比较大，但还是希望他们能眼光放远一点，不要为一时的得失计较太多，还是要多做点实事。

——新华网，http://www.china.com.cn/education/news/2013-01/19/content_27734952.htm

【思考讨论】

（1）谈谈你对郑哲敏所说的话，"国家需要什么，我就做什么"的理解和认识。

（2）郑哲敏的"科学精神和做人原则"带给我们哪些启发？

【案例点评】

郑哲敏院士作为新时期爱国崇高的精神和爱国情怀的践行者，当代大学生学习的榜样，他的"国家需要什么，就做什么"这句话正是他的爱国情感、强国志气与报国行动三者交融的有机结合，他把自己的一切与国家民族的振兴、国家科技发展紧紧联系在一起的可贵品格，反映了个人对祖国的依存关系，这已超越了学科的界限，这种将国家发展兴盛作为最高目标的科学精神和做人原则，尤其值得我们当代大学生学习。作为一名高职生，要以国家利益为重，努力学习，报效国家，以实际行动自觉承担社会服务责任，肩负起实现中华民族伟大复兴的重任，做一名爱国守法、明礼诚信、敢于奉献的大学生。

【教学建议】

郑哲敏作为我国爆炸力学的开创者，穷其一生。和许多归国爱国科学家一样，"国家需要什么，我就做什么"，是他那一代人的坚守。"对郑哲敏来说，在求学过程中遇到好老师的两大受益：一是科学精神；二是做人原则"。郑哲敏所做的都是希望能更多地解决问题。技术科学的思想，从钱学森那里一脉相承，郑哲敏终生实践之。本案例通过对我国爆炸力学的奠基人和开拓者之一郑哲敏院士崇高的爱国精神和报效祖国的爱国行为，为当代大学生树立了榜样。通过他老人家的报效祖国行为和这种新时期爱国行为，激励和鞭策着当代大学生努力学习、报效祖国，把参与国家建设作为己任，不断增强当代大学生的历史责任感、使命感，使大学生积极主动参与国家社会建设，努力学习，立志为建设祖国贡献自己的力量。

案例二　爱国的名人故事

【案例呈现】

爱国主义作为民族精神的核心，像一颗璀璨的明珠始终闪耀在五千年中华文明的历史长河中。一部中华民族史也正是一部爱国主义发展史。爱国主义在不同时期和不同人物身上的不同表现，彼此交相辉映，呈现出丰富的内涵和动人的魅力。

法国 19 世纪的浪漫主义作家大仲马说："为祖国而死，那是最美的命运啊！"刻骨铭心的爱国之情，矢志不渝的报国之志，生死不移的爱国之行，写满了中华民族的光辉史册。为清白以死而证的屈原，誓死不降匈奴的苏武，位卑未敢忘忧国的陆游，不为高官厚禄所动而慷慨就义的文天祥，"苟利国家生死以，岂因祸福避趋之"的林则徐，"我自横刀向天笑，去留肝胆两昆仑"的谭嗣同等，还有抗日战争中，面对日本帝国主义的威逼利诱毫不妥协的英雄们，他们用自己的生命向我们诠释了什么叫"热爱祖国、矢志不渝"。

"人生自古谁无死，留取丹心照汗青"的文天祥

南宋在崖山海战惨败后，陆秀夫背着8岁幼帝跳海而死，南宋灭亡。张弘范向元世祖请示如何处理南宋宰相文天祥，元世祖说："谁家无忠臣？"命令张弘范对文天祥以礼相待，将文天祥送到大都（今北京），软禁在会同馆，决心劝降文天祥。

元世祖首先派降元的原南宋左丞相留梦炎劝降文天祥，文天祥一见留梦炎便怒不可遏。留梦炎只好悻悻而去。元世祖又让降元的宋恭帝赵显来劝降。文天祥北跪于地，痛哭流涕，对赵显说："圣驾请回！"赵显无话可说，怏怏而去。元世祖大怒，于是下令将文天祥的双手捆绑，戴上木枷，关进兵马司的牢房。文天祥入狱十几天，狱卒才给他松了手缚，又过了半月，才给他褪下木枷。

元朝丞相孛罗亲自开堂审问文天祥。文天祥被押到枢密院大堂，昂然而立，只是对孛罗行了一个拱手礼。孛罗喝令左右强制文天祥下跪。文天祥竭力挣扎，坐在地上，始终不肯屈服。孛罗问文天祥："你现在还有甚么话可说？"文天祥回答："天下事有兴有衰。国亡受戮，历代皆有。我为宋尽忠，只愿早死！"孛罗大发雷霆，说："你要死？我偏不让你死。我要关押你！"文天祥毫不畏惧。

从此，文天祥在监狱中度过了3年。在狱中，他曾收到女儿柳娘的来信，得知妻子和两个女儿都在宫中为奴，过着囚徒般的生活。文天祥深知女儿的来信是朝廷的暗示：只要投降，家人即可团聚。然而，文天祥尽管心如刀割，却不愿因妻子和女儿而丧失气节。他在写给自己妹妹的信中说："收柳女信，痛割肠胃。人谁无妻儿骨肉之情？但今日事到这里，于义当死，乃是命也。奈何？奈何！"

由于拒不投降，元朝廷决定处死文天祥。被押解到刑场时，监斩官问："丞相还有甚么话要说？回奏还能免死。"文天祥喝道："死就死，还有甚么可说的？"他问监斩官："哪边是南方？"有人给他指了方向，文天祥向南方跪拜，说："我的事情完结了，心中无愧了！"于是引颈就刑，从容就义。死后在他的口袋中发现一首诗："孔曰成仁，孟曰取义，唯其义尽，所以仁至。读圣贤书，所学后，庶几无愧。"

清初大儒顾炎武在《日知录·正始》中说："保天下者，匹夫之贱，与有责焉耳矣。"后被人们简化为"天下兴亡，匹夫有责。"也就是说，国家兴盛或衰亡，每个人都有责任。以天下为己任，无论身居何位，都要心忧天下、关心国家的命运和民生的苦乐，自觉地把个人的前途与国家的兴衰联系起来，把爱国的思想付诸实际行动。

屈原以死报国

屈原一生经历了楚威王、楚怀王、顷襄王三个时期，而主要活动于楚怀王时期。这个时期正是中国即将实现大一统的前夕，"横则秦帝，纵则楚王"。屈原出身贵族，又明于治乱，娴于辞令，故而早年深受楚怀王的宠信，位为左徒、三闾大夫。屈原为实现楚国的统一大业，对内积极辅佐怀王变法图强，对外坚决主张联齐抗秦，使楚国一度出现了一个国富兵强、威震诸侯的局面。但是在内政外交上屈原与楚国腐朽贵族集团发生了尖锐的矛盾，由于上官大夫等人的嫉妒，屈原后来遭到群小的诬陷和楚怀王的疏远。他被流放江南，辗转流离于沅、湘二水之间。顷襄王二十一年（公元前278），秦将白起攻破郢都，屈原悲愤难捱，遂自沉汨罗江，以身殉国。

为了国家和人民的利益而献出了自己的生命，崇高的品德和情操在屈原的身上体现得淋

漓尽致。

巾帼不让须眉的秋瑾

秋瑾，原名秋闺瑾，又称鉴湖女侠，祖籍浙江山阴（今绍兴市），出生于福建厦门。性豪侠，习文练武，喜男装。清光绪二十年（1894），其父秋信候任湘乡县督销总办时，将秋瑾许配给今双峰县荷叶乡神冲王廷钧为妻。光绪二十二年（1896），秋与王结婚。婚礼期间，秋瑾当着许多道喜的亲友朗诵自作的《杞人忧》："幽燕烽火几时收，闻道中洋战未休；膝室空怀忧国恨，谁将巾帼易兜鍪"，以表忧民忧国之心，受到当地人们的敬重。

光绪三十年（1904），秋瑾毅然冲破封建家庭的束缚，自费东渡日本留学，先入日语讲习所，继入青山实践女校。

秋瑾在日期间，积极参加留日学生的革命活动，与陈撷芬发起共爱会，和刘道一等组织十人会，创办《白话报》，参加洪门天地会，受封为"白纸扇"（军师）。光绪三十一年（1905）归国。春夏间，经徐锡麟介绍加入光复会。七月，再赴日本，加入同盟会，被推为评议部评议员和浙江主盟人，翌年归国，在上海创办中国公学。不久，任教于浔溪女校。同年秋冬间，为筹措创办《中国女报》经费，回到荷叶婆家，在夫家取得一笔经费，并和家人诀别，声明脱离家庭关系。是年十二月（1907年1月），《中国女报》创刊。秋瑾撰文宣传妇女解放主张，提倡女权，宣传革命。旋至诸暨、义乌、金华、兰溪等地联络会党，计划响应萍浏醴起义，未果。

光绪三十三年正月（1907年2月），秋瑾接任大通学堂督办。不久与徐锡麟分头准备在浙江、安徽两省同时举事。联络浙江、上海军队和会党，组织光复军，推徐锡麟为首领，自任协领，拟于七月六日在浙江、安徽同时起义。因事泄，于七月十三日在大通学堂被捕。七月十五日从容就义于浙江绍兴轩亭口。写下了"秋风秋雨愁煞人"的绝句。

孙中山先生和宋庆龄先生对秋瑾都有很高的评价。1912年12月9日孙中山致祭秋瑾墓，撰挽联："江户矢丹忱，重君首赞同盟会；轩亭洒碧血，愧我今招侠女魂。"1916年8月1—20日孙中山、宋庆龄游杭州，赴秋瑾墓凭吊，孙说："光复以前，浙人之首先入同盟会者秋女士也。今秋女士不再生，而'秋风秋雨愁煞人'之句，则传诵不忘。"1942年7月宋庆龄在《中国妇女争取自由的斗争》一文中称赞秋瑾是"最崇高的革命烈士之一"。1958年9月2日宋为《秋瑾烈士革命史迹》一书题名。1979年8月宋为绍兴秋瑾纪念馆题词："秋瑾工诗文，有'秋风秋雨愁煞人'名句，能跨马携枪，曾东渡日本，志在革命，千秋万代传侠名。"

岳飞"精忠报国"

岳飞应募参军，因战功累累不断升职，宋高宗亲手写了"精忠岳飞"四个字，制成旗后赐给他。又召他到寝阁，对他说："中兴的大事，全部委托给你了。"金人攻打拱州、亳州，刘锜向朝廷告急，宋高宗命令岳飞火速增援，并在赐给岳飞的亲笔信中说："设施之事，一以委卿，朕不遥度。"岳飞于是调兵遣将，分路出战，自己率领轻装骑兵驻扎在郾城，兵锋锐气十足。但是，后来高宗和秦桧决定与金议和，向金称臣纳贡。就在岳飞积极准备渡过黄河收复失地的时候，高宗和秦桧却连发12道金字牌班师诏，命令岳飞退兵。后岳飞被以"莫须有"的罪名毒死于临安风波亭，时年仅39岁。

辛弃疾忧国忧民

辛弃疾曾写《美芹十论》献给宋孝宗。论文前三篇详细分析了北方人民对女真统治者的怨恨，以及女真统治集团内部的尖锐矛盾。后七篇就南宋方面应如何充实国力、积极准备，及时完成统一中国的事业等问题，提出了一些具体的规划。但是当时宋金议和刚确定，朝廷没有采纳他的建议。

张伯苓的理想

南开中学的创办者张伯苓16岁时以优异的成绩考入北洋水师学堂，学习驾驶。毕业后，他参加了"甲午海战"，但军舰一出海就被击沉，这对他触动很大。1899年英国强租我国威海卫军港，张伯苓亲眼看见，第一天在港口升起的清朝国旗第二天就降下来了。强烈的爱国心促使他毅然退出海军，回到天津筹办学校。他四处奔走，筹集资金，终于在1907年办起了南开学校。张伯苓一生全力办教学为国家培养了大批的人才。

只有祖国富强了，个人才有尊严。为此，张伯苓不遗余力地创办学校，希望能以教育培养振兴中华的人才，其爱国热情让人感动。

于右任的临终诗

国民党元老于右任临终前有诗《望大陆》云："葬我于高山之上兮，望我故乡；故乡不可见兮，永不能忘。葬我于高山之上兮，望我大陆；大陆不可见兮，只有痛哭。天苍苍，野茫茫；山之上，国有殇！"该诗作于1964年公开发表后，立刻打动了无数中国人的心。

祖国的统一和强盛是华夏儿女永恒的愿望。于右任的临终诗之所以能打动无数人的心，还在于他表达了这样的愿望，引发了人们的共鸣。

李宗仁的民族情

1955年，李宗仁在美国公开提出反对"台湾托管"和"台湾独立"，主张国共再度和谈，由中国人自己解决中国的事情。1965年7月，在周恩来总理亲自安排下，李宗仁冲破美国联邦调查局的干扰，摆脱国民党特务机关的暗杀，毅然返回祖国，他声明："期望追随我全国人民之后，参加社会主义建设，并欲对一切有关爱国反帝事业有所贡献。"他还希望留在台湾的国民党人，凛于民族大义，毅然回到祖国怀抱，为完成国家最后统一做出贡献。

为了祖国的和平统一，李宗仁先生敢为天下先的精神和民族大义，将永远激励着为统一大业而奋斗的人们。

肖邦的遗愿

1830年11月，费列德利克·肖邦（波兰作曲家、钢琴家）决定到外国深造，为祖国争光。出发前，朋友们为他举行了一个送别晚会。肖邦满怀感激之情，接受了朋友们赠送的装满祖国泥土的银杯，表示永远不会忘记可爱的祖国。肖邦辗转于维也纳、伦敦、巴黎等地，通过他的艺术活动，增进了西欧人民对当时正在受难的波兰人民的同情和了解。可是，在辗转流离的生活中，他得了重病。1849年秋天，肖邦临终时告诉从华沙赶来的姐姐，波兰反动政府是不会允许把他的遗体运回华沙的，他要求至少把他的心脏带回去。

肖邦的心脏，按照他的遗愿被送到华沙，埋葬在曾哺育他成长的祖国大地中。

叶落归根，古今中外，概莫能外。对祖国的眷念，是每一个爱国者的共同期望。

华罗庚立志回国

数学家华罗庚早年在美国很受学术界器重。有人想和他签订合同，把他留在美国，给予优厚的待遇，但当他得知中华人民共和国成立的消息后，立即决定回国。途经香港时，他发表了一封给留美学生的公开信，满怀热情地呼吁他们："为了国家民族，我们应当回去！"

"富贵不能淫",物质再丰厚也不能阻挡爱国者回归祖国的脚步。

——中国历史故事网,http://www.gs5000.cn/gs/lishirenwu/11806.html,2013-11-17

【思考讨论】

(1) 从以上爱国名人故事当中你看到了什么?有哪些启示?
(2) 怎样继承和发扬他们的优良爱国传统,报效祖国?

【案例点评】

中国历史上无数爱国志士的英雄事迹,激起学生对历史人物的崇敬之情和对本民族历史文化的认同,激发了大学生强烈而真挚的爱国情感。通过以上爱国志士的故事,能够让我们进一步感受到爱国志士他们强烈的忧国忧民思想,为维护国家和民族的尊严以国事为己任、前仆后继、临难不屈、保卫祖国、关怀民生,这种可贵的爱国精神,是我们代代相传的弥足珍贵的精神财富,它不但给人类历史留下了光辉的一页,而且启示后人,激励前行。

【教学建议】

通过阅读分析多位名人的爱国故事,可以帮助大学生树立崇高的理想和祖国荣誉感,培养他们的爱国主义情操,努力学习,以爱国之情、报国之志,自觉践行报效祖国的行动,用聪明才智回报社会、回报祖国对我们的培育。

案例三 钓鱼岛与理性爱国

【案例呈现】

日本政府"购买"钓鱼岛的非法行径,侵犯中国主权,激起了中国民众的强烈不满。中国民众利用周末休息时间,抗议日本政府"购岛",表达自己的爱国热情,实在是非常正常的事情。当然,不少媒体均呼吁国民要理性地爱国、理性地表达对于日本右翼分子的不满,不要伤害自己的同胞,不要伤及无辜的普通民众,不要用野蛮对待野蛮。

表达爱国,天经地义。但爱国绝不是僭越法律的借口,否则爱国行为,就会异化为违法犯罪。日本政府非法购买钓鱼岛的行为引起中国社会各界的强烈不满,在一些城市的游行、抗议示威活动中,一些群众的激进行为显然已经完全不是理性、合理抗议的表现,而是确凿十足的侵犯他人财产、破坏公共财物等与抗日毫无实际关系的违法犯罪行为;一些地方发生了许多不理智的行为,出现了打砸抢烧的现象。如普通百姓的日系私家车被打砸、汽车4S店的车子被砸,以及涉日商店、酒店等被攻击。在有些城市,甚至还发生了袭击日本人的过激行为。日本驻上海领事馆消息,2012年9月12日晚间一名日本男性外出时,被上海市民殴打,目前正在医院接受治疗。上海市连日来接连发生多起日本人被袭事件,目前共有4名日本人受伤。日本大使馆于13日已向本国居民发出,注意人身安全的通告。

其实,在反日抗议活动中,许多城市的群众还是遵守法律、社会秩序的,他们进行了文明的抗议活动。据有关新闻媒体报道:9月15日,"平安北京"发布微博称,部分民众自发地来到日本驻华大使馆门前，挥舞国旗，呼喊口号，谴责日本政府"购买"钓鱼岛这一非法行径。在表达爱国热情过程中，大家都保持了理性的态度，配合现场民警引导，现场秩序井然。其他城市也有民众自发表达了自己的爱国热情，谴责日本政府"购岛"无效的行为。

为此，民众在表达爱国、抗议日本政府"购买"钓鱼岛这一非法行径的同时，也要意识到，要理性爱国、文明爱国、守法爱国。爱国，不需要民粹和暴力，不需要以牺牲国内正常社会秩序为代价；爱国，必须向"打砸抢烧"不理智行为坚决说不，并理当用法律对恶意、借此机会发泄对社会的不满、破坏社会秩序、鼓动他人公开进行"打砸抢烧"者加以严惩。

——搜狗百科，《理性爱国》，https：//baike.sogou.com/v56235464.htm？fromTitle=%E7%90%86%E6%80%A7%E7%88%B1%E5%9B%BD

【思考讨论】

（1）谈谈你对由钓鱼岛事件引发的一系列事件的认识和看法？
（2）大学生怎样理性爱国？理性爱国对于大学生有什么现实意义？

【案例点评】

针对钓鱼岛事件不断升级，大学生对钓鱼岛事件的关注越来越强烈。"爱国"，是高频率词汇，在当代大学生当中引起的爱国举动不得不引起全社会的思考和关注，谈到爱国，很多大学生都心血来潮，不禁高呼，"我是爱国的，我是爱国的"。但是，冷静看待，某些爱国者，他们真的是爱国吗？经济全球化时代，爱国热情如何表达，怎样体现？中国走向世界之后，爱国主义如何更有力？热情与理性怎样结合，才能对国家更有利？人们关注问题，也寻找答案。"爱国需要理性，而行为的理性取决于思维的理性"。在国家利益受威胁、民族尊严受挑衅时，每一个中国人都想表达自己的义愤之情。同时，我们也要考虑，这种道义的表达，如何变为推动国家进步的力量？我们可以表达义愤，但不能乱了方寸，"要防止被别有用心的人利用"，要把对祖国的热爱，转化为努力学习的动力，自觉承担社会责任，肩负起中华民族伟大复兴的历史重任。

【教学建议】

我们中的任何一个，都很难说自己不爱国，甚至于在今天的形势面前，爱国更成为一个时髦的话题，但关键的问题是，爱国要付出什么？理性爱国才是真正的爱国。理性爱国首先是合法爱国，而不是违法爱国。违法爱国不叫爱国，叫害国。抵制日货可以，按照中国法律规定有秩序举行游行示威抗日也是可以的，但要做到：不砸车，不砸店，不砸人，不焚烧，维护社会秩序的稳定。总之，保持理性，有序抗日，做一个真正的爱国者。

第一，在法律的允许下，在公民的义务和权利之内，做相关表达爱国主义的事情。游行示威，抵制日货，或者大家讨论一下当前局势，分析分析钓鱼岛事件的来龙去脉，开个辩论会讨论一下，这些都是可以的。

第二，努力学习，为祖国赢得未来。大学生的天职就是学习，只有搞好学习，掌握好本领，建设好强大的祖国才是真正的爱国表现。理性的爱国者把对祖国的深厚感情、强烈的爱国热情转化为自己的学习动力，提高自己的科学文化素养、道德素养、职业能力素养，强化社会服务力，为祖国的发展建设做出贡献，实现国富民强的奋斗目标，这才是真正的爱国，才是最大的爱国。

案例四　爱国诗歌选读

【案例呈现】

祖国啊，我亲爱的祖国

（舒婷）

我是你河边上破旧的老水车，
数百年来纺着疲惫的歌；
我是你额上熏黑的矿灯，
照你在历史的隧洞里蜗行摸索
我是干瘪的稻穗，是失修的路基；
是淤滩上的驳船
把纤绳深深
勒进你的肩膊，
——祖国啊！
我是贫困，
我是悲哀。
我是你祖祖辈辈
痛苦的希望啊，
是"飞天"袖间
千百年未落到地面的花朵，
——祖国啊！
我是你簇新的理想，
刚从神话的蛛网里挣脱；
我是你雪被下古莲的胚芽；
我是你挂着眼泪的笑涡；
我是新刷出的雪白的起跑线；
是绯红的黎明
正在喷薄；
——祖国啊！
我是你的十亿分之一，
是你九百六十万平方的总和；
你以伤痕累累的乳房
喂养了

迷惘的我、深思的我、沸腾的我；
那就从我的血肉之躯上
去取得
你的富饶、你的荣光、你的自由；
——祖国啊，
我亲爱的祖国！

作品赏析

　　这是一首深情的爱国之歌，诗中交融着深沉的历史感与强烈的时代感，涌动着摆脱贫困、挣脱束缚、走向新生的激情，读来令人荡气回肠。

　　一提起祖国，人们往往会想起长江、长城、黄山、黄河、四大发明、地大物博……以一种貌似豪放实则空洞的虚假，去歌颂祖国的强盛伟大。舒婷反其道而为之，独辟蹊径，直面祖国灾难深重的古老历史及其严峻的现实，选取大量新鲜活泼、意义隽永的意象，以蒙太奇的方式剪辑组合成一幅幅流动凝重的画面，配之以舒缓深沉的节奏，唱出实实在在的对祖国的款款深情。

　　在诗人的心中，祖国不再是大而空的抽象，而是饱经沧桑的过去、贫穷凋敝的现实与绯红黎明希望的交织体。作为抒情主体，诗人让自己与诗中的意象相互融合，让物化的自我形象，汇注于祖国的形象之中。"我是你河边上破旧的老水车"，"我是你额上熏黑的矿灯"，"我是你祖祖辈辈痛苦的希望啊"，"我是你簇新的理想"，"我是你挂着眼泪的笑涡"，"我是你的十亿分之一"，"是你九百六十万平方的总和"……诗人既是生长在祖国母亲怀抱里的一个简单的个体，又是与祖国一同经受苦难屈辱、一同挣脱羁绊、一同走向希望的统一体。

　　这首诗宛如一曲多声部的交响曲。前两节沉郁、凝重，充满了对祖国灾难历史、严峻现实的哀痛；后两节清新、明快，流露出祖国摆脱苦难、正欲奋飞的欢悦；同时，表达出经历挫折的一代青年，与祖国同呼吸共命运，以自己的血汗去换取祖国富饶、荣光、自由的心声。

我骄傲，我是中国人

（王怀让）

在无数蓝色的眼睛和棕色的眼睛之中，
我有一双宝石般的黑色眼睛，
我骄傲，我是中国人！
在无数白色的皮肤和黑色的皮肤之中，
我有着大地般黄色的皮肤，
我骄傲，我是中国人！

我是中国人——
黄土高原是我挺起的胸脯，
黄河流水是我沸腾的热血，
长城是我扬起的手臂，

泰山是我站立的脚跟。
我骄傲,我是中国人。

我是中国人——
我的祖先最早走出森林,
我的祖先最早开始耕耘,
我是指南针、印刷术的后裔,
我是圆周率、地动仪的子孙。
在我的民族中
不光有史册上万古不枯的孔夫子、司马迁、李自成、孙中山,
还有那文学史上永远活着的
花木兰、林黛玉、孙悟空、鲁智深。
我骄傲,我是中国人。

我是中国人——
在我的国土上不光有
不光有雷电轰击不倒的长白雪山、黄山劲松,
还有那风雨不灭的井冈传统、延安精神!

我是中国人——
我那黄河一样粗犷的声音,
不光响在联合国的大厦里,
大声发表着中国的议论,
也响在奥林匹克的赛场上,
大声高喊着"中国得分"。
当掌声把五星红旗送上蓝天,
我骄傲,我是中国人!

我是中国人——
我那长城一样巨大的手臂,
不光把采油钻杆钻进外国人预言打不出石油的地心;
也把神舟飞船送上祖先们梦里也没有到过的太空;
当五大洲倾听东方的时候,
我骄傲,我是中国人!

我是中国人,
我是莫高窟壁画的传人,
让那翩翩欲飞的壁画与我们同往。
我就是飞天,

飞天就是我。

我骄傲,我是中国人!

作品赏析

这是一篇极具爱国热情的现代诗歌。长短句结合,节奏明快,作者通过反复地咏叹,直抒胸臆,在诗歌中,诗人热情讴歌了中华民族优秀的文化传统和现代改革开放取得的成就,激扬着浓重豪迈的爱国情怀,适合学生朗诵。

——爱国诗歌选读作品均来源于百度

 视频资料

(1) 观看第三章其他案例"利比亚大撤侨"视频请扫描此二维码。

(2) 观看第三章其他案例"女排姑娘们好榜样"视频请扫描此二维码。

(3) 微视频:爱国主义的科学内涵。

 考考你

一、单项选择(请将正确答案的字母填写在括号内)

1. (   )精神作为兴国强国之魂,是实现中华民族伟大复兴不可或缺的精神支撑和精神动力。

    A. 中国   B. 奉献   C. 爱国   D. 独立

2. (   )是中华民族重精神优秀传统的忠实继承者和坚定弘扬者。

A. 人民　　　　B. 中国共产党　　　C. 工人阶级　　　D. 知识分子

3. （　　）精神是时代精神的核心，贯穿于改革开放的全部实践，体现在时代精神的各个方面。

A. 改革创新　　B. 爱国主义　　　C. 敬业主义　　　D. 革命

4. （　　）紧密关联，都是一个民族赖以生存和发展的精神支撑。

A. 民族精神与时代精神　　　　B. 民族精神与创新精神
C. 民族精神与改革精神　　　　D. 民族精神与斗争精神

5. （　　）是兴国强国之魂。

A. 民族精神　　B. 中国精神　　　C. 时代精神　　　D. 社会精神

6. （　　）曾说："惟有民魂是值得宝贵的，惟有他发扬起来，中国才有真进步。"

A. 孙中山　　　B. 陈独秀　　　　C. 李大钊　　　　D. 鲁迅

7. （　　）是调节个人与祖国之间关系的道德要求、政治原则和法律规范，也是中华民族精神的核心。

A. 民族主义　　B. 民权主义　　　C. 爱国主义　　　D. 自由主义

8. （　　）是一个国家、一个民族的灵魂。

A. 文化　　　　B. 政治　　　　　C. 经济　　　　　D. 军事

9. 经济全球化是世界经济发展的必然趋势，但（　　）全球政治、文化一体化。

A. 不等于　　　B. 等于　　　　　C. 大于　　　　　D. 小于

10. 爱国不是简单的情感表达，而是一种（　　）的行为，要讲原则、守法律，以合理合法的方式来进行。

A. 理性　　　　B. 冲动　　　　　C. 奋斗　　　　　D. 突破

二、多项选择（请将正确答案的字母填写在括号内）

1. 中国古人在义利观上主张（　　）。

A. 见利思义　　B. 以义制利　　　C. 先义后利　　　D. 先利后义

2. 儒家把（　　）视为最高的道德理想。

A. 仁爱　　　　B. 和谐　　　　　C. 理想　　　　　D. 信念

3. 中国精神的基本内容是以（　　）。

A. 爱国主义为核心的奉献主义　　B. 改革创新为核心的不断进取
C. 爱国主义为核心的民族精神　　D. 改革创新为核心的时代精神

4. 民族精神是一个民族在长期共同生活和社会实践中形成的，为本民族大多数成员所认同的（　　）的总和，是一个民族赖以生存和发展的精神支柱。

A. 价值取向　　B. 思维方式　　　C. 道德规范　　　D. 精神气质

5. 爱国主义是（　　），在不同的历史条件和文化背景下所形成的爱国主义，总是具有不同的内涵和特点。

A. 历史的　　　B. 具体的　　　　C. 阶段的　　　　D. 部分的

三、判断对错（在括号内填写答案，正确的填写 T，错误的填写 F）

1. 重视并崇尚精神生活，是中国古代思想家们的主流观点。　　　　　　　　（　　）

2. 中国传统文化十分强调道德修养和道德教化,将"立德"置于"三不朽"(立德、立功、立言)之首,重视人的精神品格的养成。（　　）

3. 中国人民在长期奋斗中培育、继承、发展起来的伟大民族精神,为中国发展和人类文明进步提供了强大精神动力。（　　）

4. 中华文化独一无二的理念、智慧、气度、神韵,增添了中国人民和中华民族内心深处的自信和自豪。（　　）

5. 中国的命运与世界的命运紧密相关。（　　）

6. 如果把科技创新比作我国发展的新引擎,那么改革就是点燃这个新引擎必不可少的点火线。（　　）

7. 在新的时代条件下,弘扬爱国主义精神,必须把维护祖国统一和民族团结作为重要着力点和落脚点。（　　）

8. 改革创新之所以能够推陈出新,提出前人不曾提出的新思想,推出令世人敬仰叹服的新创造,一个重要的原因就在于改革创新者具有扎实的专业知识基础。（　　）

9. 改革创新有止境。（　　）

10. 爱国既需要情感的基础,也需要理性的认识,更需要实际的行动。（　　）

参考答案
一、单项选择 1. A　2. B　3. A　4. A　5. B　6. D　7. C　8. A　9. A　10. A 二、多项选择 1. ABC　2. AB　3. CD　4. ABCD　5. AB 三、判断对错 1. T　2. T　3. T　4. T　5. T　6. T　7. T　8. T　9. F　10. T

第四章 社会主义核心价值观

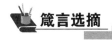

"每个时代都有每个时代的精神。我曾经讲过,实现中国梦必须走中国道路、弘扬中国精神、凝聚中国力量。核心价值观是一个民族赖以维系的精神纽带,是一个国家共同的思想道德基础。如果没有共同的核心价值观,一个民族、一个国家就会魂无定所、行无依归。为什么中华民族能够在几千年的历史长河中生生不息、薪火相传、顽强发展呢?很重要的一个原因就是中华民族有一脉相承的精神追求、精神特质、精神脉络。"

——习近平

诚信为人之本。

——鲁迅

人生最终的价值在觉醒和思考的潜质,而不只在于生存。

——亚里士多德

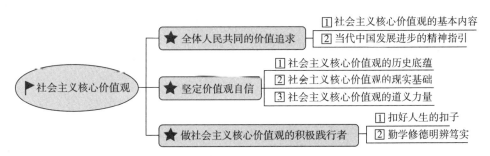

理论导学

【知识目标】

1. 正确理解社会主义核心价值观的内涵。

2. 坚定价值观自信。
3. 掌握社会主义核心价值观的历史底蕴、现实基础及道义力量。

【能力目标】

1. 深刻把握积极培育和践行社会主义核心价值观的重要性。
2. 认识践行社会主义核心价值观是维护我国意识形态安全的迫切需要。
3. 做社会主义核心价值观的积极践行者。

【素质目标】

1. 树立和践行社会主义核心价值观。
2. 通过学习社会主义核心价值观科学内涵，增强学生的爱国主义情操，培育正确的世界观、人生观和价值观。

【教学重点】

社会主义核心价值观提出的背景、内容及意义。

【教学难点】

社会主义核心价值观的含义及提出的背景。

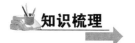

一、全体人民共同的价值追求

（一）社会主义核心价值观的基本内容

核心价值观是一定社会形态社会性质的集中体现，在一个社会的思想观念体系中处于主导地位，体现着社会制度、社会运行的基本原则和社会发展的基本方向。

社会主义核心价值观内容：富强、民主、文明、和谐；自由、平等、公正、法治；爱国、敬业、诚信、友善。

（二）当代中国发展进步的精神指引

（1）坚持和发展中国特色社会主义的价值遵循。
（2）提高国家文化软实力的迫切要求。
（3）增进社会团结和谐的最大公约数。

培育和践行社会主义核心价值观，能够在具体利益矛盾、各种思想差异之上最广泛地形成价值共识，有效引领整合纷繁复杂的社会思想意识，有效避免利益格局调整可能带来的思想对立和混乱，形成团结奋斗的强大精神力量。

二、坚定价值观自信

（一）社会主义核心价值观的历史底蕴

（1）任何一种价值观都不可能凭空产生，总是有其特定的历史底蕴和精神脉络。
（2）中华优秀传统文化是涵养社会主义核心价值观的重要源泉，是中华民族的精神命脉。
（3）培育和弘扬社会主义核心价值观，必须立足中华优秀传统文化。

（二）社会主义核心价值观的现实基础

（1）中国特色社会主义建设是社会主义核心价值观的实践根据。
（2）中国特色社会主义建设也以无可辩驳的事实生动展示着社会主义核心价值观的生机活力。

（三）社会主义核心价值观的道义力量

真理的力量加上道义的力量，才能行之久远。社会主义核心价值观以其先进性、人民性和真实性而居于人类社会的价值制高点，具有强大的道义力量。

（1）社会主义核心价值观的先进性，体现在它是社会主义制度所坚持和追求的核心价值理念。
（2）社会主义核心价值观的人民性体现在它所代表的最广大人民的根本利益，反映的最广大人民的价值诉求，引导着最广大人民为实现美好社会理想而奋斗。
（3）社会主义核心价值观的道义力量还源于它的真实性。

坚定社会主义核心价值观自信，要求我们充分认识社会主义核心价值观的优越性及其在中华民族实现自己梦想的奋斗中所具有的重大意义；要求我们自觉以社会主义核心价值观引领多样化的社会思潮，运用马克思主义客观辩证地分析各种错误价值观的实质；要求我们在发展的进程中虚心学习借鉴人类社会创造的一切文明成果，但不能数典忘祖。

三、做社会主义核心价值观的积极践行者

（一）扣好人生的扣子

（1）大学生成长成才和全面发展，离不开正确价值观的引领。
（2）核心价值观的养成绝非一日之功。

（二）勤学修德明辨笃实

（1）勤学。知识是树立社会主义核心价值观的重要基础。
（2）修德。"德者，本也。"蔡元培曾经说过："若无德，则虽体魄智力发达，适足助其为恶。"道德之于个人、之于社会，都具有基础性意义，做人做事第一位的是崇德修身。
（3）明辨。培育和践行社会主义核心价值观，要增强自己的价值判断力和道德责任感，辨别什么是真善美、什么是假恶丑，自觉做到常修善德、常怀善念、常做善举。
（4）笃实。道不可坐论，德不能空谈。于实处用力，从知行合一上下功夫，核心价值

观才能内化为人们的精神追求,外化为人们的自觉行动。

培育和践行社会主义核心价值观,既要目标高远,保持定力、不懈奋进,又要脚踏实地,严于律己、精益求精,将社会主义核心价值观转化为人生的价值准则,勤学以增智、修德以立身、明辨以正心、笃实以为功。

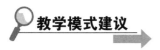

本章节教学方式为理论教学,课时分配为2,积分为3。

项目一 宣讲"践行社会主义核心价值观"

宣讲"践行社会主义核心价值观"活动方案

为了丰富思政课堂教学方法多样性、针对性,提升和表达同学们对思政课的获得感,展示当代学生的风采,体现学校文化建设,同时也为学生提供一个展现自我、释放才能的舞台,营造优良的学风、校风,学校开展宣讲"践行社会主义核心价值观"活动,活动具体方案如下。

一、指导思想

以党的十九大精神为指导,坚持以人为本,通过宣讲活动,建设校园文化,弘扬社会主义核心价值观,展示当代大学生的风采,为构建和谐社会贡献力量。

二、活动主题

本次活动以"践行社会主义核心价值观"为主题,面向全校大一新学生开展讲授英雄故事活动。

三、活动对象

全体授课班级。

注:参赛主体为学生团队,团队成员2~4人。

四、活动要求

(1) 以班级为单位2~4名学生组建一个讲核心价值观团队,团队成员共同协作,制作讲稿、PPT,推荐1人负责讲授。

(2) 讲课时间:3~5分钟。

（3）团队严禁侵权行为，涉及法律责任均由参赛者承担。本次活动拒绝有国家法律、法规明令禁止的内容参赛。

（4）团队有义务配合思政部进行活动相关环节的宣传推介和展示。

（5）特殊说明：严禁恶搞红色经典及英雄人物、格调低俗的内容；严查价值导向偏差、含有法律法规禁止内容的作品，情节严重的，依法从重处理。要求学生严肃对待经典革命题材文化作品，尊重历史、敬重经典、礼赞英雄，自觉抵制和清除不良内容。

（6）每个学生活动结束后上交任务书（表4-1）。

表4-1 宣讲"践行社会主义核心价值观"任务书

分院：　　　　班级：　　　　专业：　　　　导员：　　　　电话：

活动名称	宣讲"践行社会主义核心价值观"	作品名称		负责工作	
工作过程及作品说明					
学习收获					

五、活动考核标准

（1）主题鲜明、构思精巧、创意独特，讲授逻辑清晰、表现新颖，给予满分2积分。优秀团队队员在总评成绩基础上加2分，总评成绩不能超过总分100分。不参与活动的学生给予0积分。

（2）其他学生由教师酌情给予积分。

六、时间安排

（1）活动布置。形式及内容：各班级思政教师在课堂进行通知并委派此项活动负责人。

（2）作品准备阶段。形式及内容：团队精心准备与演练。

（3）课堂展示阶段。各班级思政教师要本着公平、公正、公开的原则，对作品进行打分。

项目二　爱国主义知识竞赛

爱国主义知识竞赛活动方案

为深入学习宣传贯彻党的十九大精神，促进培养学生爱国主义精神，加强大学生爱国主义教育而开展爱国主义知识竞赛活动，活动具体方案如下。

一、指导思想

高举习近平新时代中国特色社会主义思想伟大旗帜，增强学生爱国主义意识，增强思想政治教育工作针对性、时效性、创新性，充分发挥高校思想政治教育主阵地作用。

二、活动主题

本次活动以"新时代——我爱你中国"为主题，面向大一学生举行大学生爱国主义知识竞赛活动。

三、活动对象

全体授课班级。
注：以团队为单位。

四、活动要求

本次活动以笔试答卷为表现形式。
（1）竞赛内容为爱国主义知识。
（2）答卷时间为随堂一次大课，总分为100分。
（3）统一用黑色碳素笔答卷。
（4）每个学生在活动结束后上交任务书（表4-2）。

表4-2　爱国主义知识竞赛任务书

分院：　　班级：　　专业：　　姓名：　　学号：　　导员：　　电话：

活动名称	爱国主义知识竞赛	活动负责项目	
活动过程简介			

续表

参与收获	

五、竞赛纪律

（1）学生按规定位置就座，不得随意变动。

（2）可以查阅资料。

（3）不准偷看、抄袭或有意让他人抄袭，不准接传答案或者交换答卷；不准交头接耳、左顾右盼。

（4）考场内必须保持安静，考试时严格遵守考试时间，考试中途不得离开考场，考试结束时方可交卷，不得提前交卷。

（5）竞赛期间学生要认真做好环境卫生，不乱丢乱抛废纸，保持好考场环境卫生。

（6）特别强调：对有扰乱赛场秩序的行为且不听从劝阻者，教师有权责令其离开考场，取消其考试资格，将其成绩记为无效，并按有关规定给予纪律处分。

六、时间安排和活动考核标准

（1）活动布置。形式及内容：各班级思政教师在课堂进行通知并委派此项活动负责人。

（2）竞赛阶段。形式及内容：随本周课堂举行。

（3）活动考核标准。此次竞赛成绩记入实践成绩。各班级思政教师要本着公平、公正、公开的原则，对试卷进行打分并录入实践成绩。凡是按要求完成任务的团队均给予满分2积分。不参与活动的学生给予0积分。

项目三　观看视频影音

观看视频影音活动方案

大学生加强道德修养，是社会主义伟大事业的必然要求，为培养大学生道德修养的自觉性，为丰富大学生活，为增强教学吸引力，经院思政部研究决定，开展观看视频影音教学活动，活动具体方案如下。

一、指导思想

适应新时代,适应学生个性发展,坚持以科学发展为导向,以积极推进校园文化建设为指导思想,进一步提升大学生道德修养。

二、活动主题

本次活动以"学习道德模范 提升道德素养"为主题,面向全校大一学生开展此项活动。

三、活动对象

全体教学班级。

四、活动要求

(1)以班级为单位,在本班多媒体教室观影。
(2)课程结束后,以个人为单位上交任务书(表4-3)。

表4-3 观看视频影音活动任务书

分院:　　　班级:　　　专业:　　　姓名:　　　学号:　　　导员:　　　电话:

活动名称	观看视频影音活动		活动负责项目	
活动过程简介				
参与收获				

五、活动考核标准

（1）按要求完成活动且任务书书写优秀的学生给予满分 2 积分。不参与活动的学生给予 0 积分。

（2）其他学生教师酌情给予积分。

六、时间安排

（1）活动布置。形式及内容：各班级思政教师在课堂进行通知并委派此项活动负责人且提前布置任务书。

（2）课堂完成阶段。认真观影，用心感悟，完成任务书。

项目四 "践行社会主义核心价值观"校内公益

"践行社会主义核心价值观"校内公益活动方案

为践行社会主义核心价值观，切实加强师生的思想道德建设，倡导公益事业，提升大学生的服务意识和奉献意识，使其承担起对社会的责任，在大学生群体中营造出积极关注社会、关注公益事业的氛围而开展"践行社会主义核心价值观"公益活动，活动具体方案如下。

一、指导思想

以党的十九大精神为指导，坚持以人为本，以服务社会为宗旨，以弘扬社会主义核心价值观为己任，通过实践行动，勇于承担责任，走进公益，从内心出发来演绎属于大学生的风采，为构建和谐社会贡献力量。

二、活动主题

本次活动以"践行社会主义核心价值观"为主题，以团队为单位，积极关爱学校，积极培育、践行社会主义核心价值观。

三、活动对象

全体教学班。

注：以团队为单位。

四、活动要求

（1）团队统一部署，协调、统一行动，严禁私自脱队。

（2）全员参与，公益为先。全体师生要提高认识，端正态度，不借公益活动之机进行任何其他无关宣传。

(3) 活动过程中全体师生严格遵守秩序、规范、文明礼仪。

(4) 全体师生注意安全，遇到各类突发问题，应立即向负责教师反映。

(5) 身体不适或患有高血压、心脏病、传染性疾病及不适宜劳动的学生及时与教师沟通。

(6) 活动结束后，每人填写并上交任务书。

五、时间安排及活动细则

1. 活动启动及宣传阶段

形式及内容：举办首届公益活动启动仪式；利用学院广播、网站、微博、微信等新闻媒体，文件通知、海报张贴等方式，面向全院发布活动信息，摄像、宣传等事宜专人负责。

2. 活动实施

形式及内容：

(1) 以团队为单位在校内做公益，并且做好 10 分钟录像工作。

(2) 以个人为单位填写任务书（表 4-4）。

表 4-4 "践行社会主义核心价值观"校内公益活动任务书

分院：　　　　班级：　　　　专业：　　　　姓名：　　　　学号：　　　　导员：　　　　电话：

活动名称	"践行社会主义核心价值观"校内公益活动	活动地点		负责工作	
活动过程说明					
实践收获					

(3) 以团队为单位上交 10 分钟团队公益录像。

(4) 课堂进行公益视频展播，且由一名队员发表感想，时间为 3~5 分钟。

六、活动纪律

统一部署,协调行动,听从指挥。

(1) 集体活动安全第一,服从安排和指挥。团结互助,注意保护自身及队友的人身安全。

(2) 统一着校服。

七、活动考核标准

(1) 凡是按要求完成任务的团队均给予满分 2 积分。总评成绩不能超过总分 100 分。

(2) 不参与活动的学生给予 0 积分。

案例选读

案例一　从无到有,中国高铁享誉世界

【案例呈现】

中国的高铁事业在过去 10 年间突飞猛进地发展,高铁建设频频刷新世界纪录,取得了举世瞩目的成就。不仅如此,有着中国"外交名片"美誉的高铁还作为"一带一路"倡议实施的重要载体,承担着互联互通的时代使命。

领先世界的集大成者

中国高铁从无到有,从追赶到超越,从引进消化吸收再创新到系统集成创新,再到完全自主创新,已经炼就成世界铁路科技的集大成者。从东部走向西部,从"四纵四横"到"八纵八横",从国内走向海外,中国高铁的大发展开启了人类交通史的新纪元。

目前,中国是世界上高铁建设运营规模最大的国家,中国高铁运营里程超过 2.2 万公里①,比日本、德国、法国、西班牙和意大利等拥有高铁的国家和地区的总和还多,其运营速度和整体配套处于世界前列。值得关注的是,中国还拥有全球最为庞大和完整的产业供应链,配套产业涵盖设计研发、试验、生产和运营维护各个环节,所生产的高铁动车组和基建能在沙漠、草地、高原、沼泽、沿海等复杂地质环境和高寒或炎热气候中穿行无阻,强大的科研实力能较快满足"一带一路"沿线各国和非洲、美洲等地复杂的地理条件需求。中国高铁因其高强度大密度的运营维护需要,积累了举世无双的经验库存和原始数据,对开展世界铁路科研、建设和运营都具有较大的利用价值。

之所以取得如此巨大的发展成就,主要原因在于中国政府抓住了科学技术创新这一关键。中国高铁的发展,大致可以分为三个阶段:一是 2004 年前自主研发实验的技术积累期;二是 2004—2008 年实施"引进消化吸收再创新"战略的技术引进期;三是 2009 年后的全面

---

① 1 公里 = 1 000 米。

自主创新期。第一个阶段时间较长，中国老牌的轨道交通领域名校西南交通大学等高校伴随着中国工业近现代化的历史步伐，百十年来专注于铁路科技的探索和研发，为国家铁路事业培养了大批后继人才，这些人才分布在铁道管理部门、中车集团、中国铁道科学研究院、各大铁路局以及各大铁路科研单位，为各相关单位开展各种车型试验创新奠定了坚实的基础，为中国高铁在第二阶段的发展储备了大量的原生态科技能量，激发出第三阶段中全面创新的宏伟局面。

中国高铁创新的特点是从厚积薄发到激发井喷。其原始创新主要体现在基础理论的创新，如西南交通大学的"沈氏理论"、"翟-孙模型"和高速列车耦合大系统动力学，是举世公认的原创成果；相对于基础理论创新，中国高铁发展出完备的系统集成创新能力，可以根据需求和条件创造出一整套轨道交通产品；在全面自主创新方面，中国高铁捷报频传，不仅在"高铁之心"（牵引传动系统）、"高铁之脑"（网络控制系统）和高铁火车头等动车组车体部件方面实现自主创新，而且在路基建设、桥梁隧道和动力供电等线下部分享有世界声誉。

中国高铁持续进行科技创新，生产工艺精益求精，建设应用不断推进，确保了高铁平稳、舒适、快捷和安全地运营。据一项调查，来自20多个国家的青年称中国高铁为中国"新四大发明"之一。中国以高铁科技创新向世界展示自己的发展理念，中国高铁成为留学生们最想带回祖国的"中国特产"。

虽然领先世界，但中国高铁并没有放松创新。中国铁路总公司作为铁路科技创新的引导者、组织者和运用方，十分重视科技创新的投入。中国铁路总公司协同了以轨道交通领域唯一的国家实验室——西南交通大学轨道交通国家实验室（筹）和中南大学列车空气动力性能及撞击模拟实验装置基地等为代表的数十个国家级的铁路科技研发平台，为高铁科技的持续创新和国际科研交流合作提供了广阔的空间。

在系统技术上，中国高铁做好了走向世界的准备，中国对高铁寄予了新的时代期许。

助推世界经济持续发展

习近平主席曾指出，"高铁动车体现了中国装备制造业水平，已成为一张亮丽的名片。"国务院总理李克强曾在密集出访中多次推销中国高铁，在考察中国铁路总公司的时候曾说，"我每次出访都推销中国装备，推销中国高铁时心里特别有底气"。中国高铁"走出去"不仅能带动装备和劳务出口，更会在国际市场竞争中不断提升自身的综合实力。

中国国家领导人大力推销中国高铁的底气来自中国高铁具有其他产品所无法比拟的核心竞争力。从国内市场和国际市场双向结合的视角来看，中国高铁"走出去"是当下中国经济转型增长的可靠路径，中国高铁是衔接当下中国市场和全球市场的最佳切入点，现代轨道交通装备因其大宗公共产品的特性而发挥助力世界经济持续发展的先行作用。

当前，中国坚持稳中求进工作总基调，保持了经济发展稳中向好态势。就一个发展中大国而言，一切问题都要在稳定和发展中解决。在中西部大力发展高铁，可让当地百姓加速融入国家现代化进程，政府在想方设法让铁路发展潜力转变为现实生产力，不断创造新的经济增长点，不断改善民生条件。同时，中国快速的经济增长积累了大量富余产能，远远超出国内市场，尤其是东部地区的需要，中国亟须挖掘国内中西部欠发达甚至落后地区的市场潜力，更需要在国际市场上找到新的经济增长点。

与过去8亿件衬衫换一架空客A380不同，中国高铁是集世界铁路科技大成的高科技产品,是可以发挥扩散规模效应的大宗公共产品,这一公共产品的扩散效应体现在全产业链的上下游和横向发展方面,直接作为基础设施建设而拉动内需、激活市场。高铁,包括普通铁路作为交通设施建设,更是大大增加了人、物、信息、资金和技术的流动性,沿线城镇和区域将因以高铁为代表的交通干线而聚合,城市与城市之间,地区与地区之间,国家与国家之间因快速铁路的连通而紧密联系在一起,形成一体化的区域网络,从而推动世界经济一体化的进程。

根据最新版的《中长期铁路网规划》,到2020年,中国铁路网总规模将达到15万公里,其中高铁3万公里,覆盖80%以上的大城市,中国高铁"八纵八横"的大交通网络初具雏形,未来不到10年的时间里,中国的高铁总里程将达到3.8万公里,届时以高铁为主干道的交通网络将在东亚大陆实现全覆盖。涵盖全球1/4人口的世界东端,将建成一个流动性更强、流通更顺畅、流量更大的完全一体化的地缘经济区域。中国周边的国家或地区将不可避免地卷入这一浩浩荡荡的发展潮流之中,而这正是经济全球化不可逆转的大势所趋。

顺应历史的趋势,中国高铁将目光投向海外,尤其对部分处于世界体系边缘的大陆腹地充满关怀:工业化先后带来的地区发展的代差,现代化洪流过处形成的文化匮乏区域,都将借助现代轨道交通等互联互通网络变量的引入而创造出更多的发展选项。

借助高铁为主要载体的交通基础设施建设,助推世界经济一体化进程是中国对经济全球化问题的主动因应。中国领导人热衷于担任超级推销员,大力推动中国高铁"走出去",将中国改革开放的发展成果惠及周边国家,这是一个发展中大国负责任的态度表现。中国高铁的长足发展,尤其是中国高铁"走出去",必然对多极世界的现实生产力有所提升,这是促使世界经济可持续发展的一大亮点。

为"一带一路"建设带来正能量

中国高铁"走出去",恪守的是联合国宪章的宗旨和原则,坚持开放合作、和谐包容,用市场运作的方式,取得互利共赢的利好。具体而言,中国高铁充分结合自身的发展历程和经验模式,依托相关融资市场,创新发展符合当地文化认同的技术、管理和服务,在亚欧大陆和非洲大陆搭建贴地而飞的大陆桥,与沿线国家共享发展成就,分享发展经验,在世界交通网络中大大发挥作用,促进世界各族人民的接触、沟通和理解。

《推动共建丝绸之路经济带和21世纪海上丝绸之路的愿景与行动》文本中强调,进入21世纪,在以"和平、发展、合作、共赢"为主题的新时代,面对复苏乏力的全球经济形势,纷繁复杂的国际和地区局面,传承和弘扬丝绸之路精神更显重要和珍贵。

基于丝路精神,中国高铁将在以下几个方面对"一带一路"建设带来充足的正能量:

首先是发挥"路"古老而实用的工具价值,为"一带一路"沿线国家的互联互通提供物质通道。"一带一路"愿景与行动中明确指出,共建"一带一路"致力于亚欧非大陆及附近海洋的互联互通,建立和加强沿线各国伙伴关系,构建全方位、多层次、复合型的互联互通网络,实现沿线各国多元、自主、平衡、可持续的发展。"基础设施互联互通"是"一带一路"建设的优先领域,要在尊重相关国家主权和安全关切的基础上,沿线国家宜加强基础设施建设规划、技术标准体系的对接,共同推进国际骨干通道建设,逐步形成连接亚洲各次区域以及亚欧非之间的基础设施网络,并且强化基础设施绿色低碳化建设和运营管理,在建设中充分考虑气候变化影响。

中国高铁的本质属性与设施联通的宗旨高度契合,未来有理由期待以轨道交通为骨干的陆上大通道横贯欧亚大陆，将连接起"一带一路"沿线国家和地区，亚欧大陆腹地将一改边缘化的发展面貌，流动性的强化将让经济全球化的步伐加快，现代世界经济地理的格局也将得以优化。

其次是紧紧围绕"人本"光辉发扬人文价值，为打造人类命运共同体而提供文明的坐标。

中国高铁在国内外的大发展中，不仅发挥互联互通的工具价值，而且还将在丝路精神的框架下为"民心相通"创造条件。高铁科技的迅猛发展，带来速度的加快和地理限制的破除，从而大大更新人们的时空观念，从出行方式的改变开始，到整个日常生活方式和思维习惯方面，都将产生一系列的改变。正如习近平主席所言，科学技术的迅猛发展，已经让社会生产力的发展达到了人类发展史上空前的新高度，不仅生产全球化了，资本也全球化了，产生了巨大的能量，能量的释放必然冲破国家、民族的界限，导致经济全球化。"应该看到，经济全球化符合生产力发展要求，符合各方利益，是大势所趋。"

高铁沿着"一带一路"铺就，将不可避免地促成人和空间的重构，伴随而来的是文明的互动、碰撞甚至是冲突。高铁科技在丝路精神的指导下，可焕发人性的温度，在平等的认同框架共识中，各个主体之间始终秉持平等的对话精神和开放自信的气魄，以高铁为代表的基础设施建设超级项目一定可以在共商、共赢、共建、共享的场合中管控分歧，求同存异。

中国高铁的出海只需要从高铁装备和基建本身切入，但必须站在人类文明的高度去把握它在"一带一路"倡议实施中的自身角色。不言而喻的是，中国高铁完全可以在"走出去"中，寻找各方利益的最大公约数，推广新的技术范式，共用相同的科技语言，配套制定统一的标准和法则，与各个主体国家深度对话，为"一带一路"建设探索新型沟通渠道。

——今日中国，孙红林，http://www.chinatoday.com.cn/chinese/sz/sd/201708/t20170807_800101868.html，2017-08-07

【思考讨论】

为什么高铁技术是一个国家综合国力的象征？

【案例点评】

高速铁路标志着一个国家铁路现代化的水平，是一个国家整体实力的象征。中国成为全球高速铁路系统技术最全、集成能力最强、运营里程最长、运行速度最高、在建规模最大的国家。2015年年底，我国高铁装备产值达4 000亿元左右，高铁总里程达到1.9万公里左右，是世界其他国家高铁运营里程总和的近2倍。中国高铁不但为中国人民的出行提供高速优质安全的服务，而且还走出国门，走向世界，成为一张展现中国工业化实力的亮丽名片！近百年来，中国共产党团结带领人民进行了艰苦卓绝的斗争，实现了中华民族由近代不断衰落到根本扭转命运、持续走向繁荣富强的伟大飞跃。特别是党的十八大以来，在以习近平同志为核心的党中央坚强领导下，坚定不移贯彻新发展理念，坚决端正发展观念、转变发展方式，发展质量和效益不断提升。国内生产总值达到80万亿元，对世界经济增长贡献率超过30%。我国已经成为世界第二大经济体，军事、外交、科技、文化等各个方面的实力都得到显著提升，中华民族实现了从站起来、富起来到强起来的历史性飞跃。

【教学建议】

中国特色社会主义进入新时代，我国社会主要矛盾是人民日益增长的美好生活需要和不平衡不充分的发展之间的矛盾。建设富强的社会主义现代化强国，必须坚持以人民为中心的发展思想，坚定不移贯彻创新、协调、绿色、开放、共享的发展理念，坚持和完善我国社会主义基本经济制度和分配制度，推动新型工业化、信息化、城镇化、农业现代化同步发展，主动参与和推动经济全球化进程，发展更高层次的开放型经济，不断壮大我国经济实力和综合国力；必须坚持总体国家安全观，坚持国家利益至上，完善国家安全制度体系，加强国家安全能力建设，坚决维护国家主权、安全、发展利益；必须坚持党对人民军队的绝对领导，全面贯彻党领导人民军队的一系列根本原则和制度，确立新时代党的强军思想在国防和军队建设中的指导地位，坚持政治建军、改革强军、科技兴军、依法治军，建设一支听党指挥、能打胜仗、作风优良的人民军队；必须坚决反对一切分裂国家的活动，早日实现祖国完全统一；必须始终不渝走和平发展道路、奉行互利共赢的开放战略，坚持做世界和平的建设者、全球发展的贡献者、国际秩序的维护者，推动构建人类命运共同体。

案例二 进入无垠广袤的人生——追忆"天眼"之父南仁东

【案例呈现】

最懂"天眼"的人，走了。

24载，8 000多个日夜，为了追逐梦想，500米口径球面射电望远镜首席科学家、总工程师南仁东心无旁骛，在世界天文史上镌刻下新的高度。

9月25日，"天眼"落成启用一周年。可在10天前，他却永远地闭上了眼睛。

"天眼"所在的大窝凼，星空似乎为之黯淡。

一个人的梦想能有多大？大到可以直抵苍穹。一个人的梦想能有多久？久到能够穿越一生。

"痴"：为"天眼"穿越一生

"'天眼'项目就像为南仁东而生，也燃烧了他最后20多年的人生。"

许多个万籁寂静的夜晚，南仁东曾仰望星空：我们是谁？我们从哪里来？茫茫宇宙中我们真是孤独的吗？

探索未知的宇宙——这个藏在无数人心底的梦，他用一生去追寻。

八字胡，牛仔裤，个子不高，嗓音浑厚。手往裤兜里一插，精神头十足的南仁东总是"特别有气场"。

寻找外星生命，在别人眼中"当不得真"，这位世界知名的天文学家，电脑里却存了好几个G的资料，能把专业人士说得着了迷。

2年前，已经70岁的南仁东查出肺癌，动了第一次手术。家人让他住到郊区一个小院，养花遛狗，静养身体。

他的学生、国家天文台研究员苏彦去看他。一个秋日里，阳光很好，院子里花正盛开，苏彦宽慰他,终于可以过清闲日子了。往日里健谈的南仁东却呆坐着不吱声,过了半晌,才说了一句:"像坐牢一样。"

自从建中国"天眼"的念头从心里长出来,南仁东就像上了弦一样。

24年前,在日本东京国际无线电科学联盟大会上,科学家们提出,在全球电波环境继续恶化之前,建造新一代射电望远镜,接收更多来自外太空的信息。

南仁东坐不住了,一把推开同事房间的门:我们也建一个吧!

他如饥似渴地了解国际上的研究动态。

南仁东曾在日本国立天文台担任客座教授,享受世界级别的科研条件和薪水。

可他说:我得回国。

选址,论证,立项,建设。哪一步都不易。

有人告诉他,贵州的喀斯特洼地多,能选出性价比最高的"天眼"台址,南仁东跳上了从北京到贵州的火车。绿皮火车咣当咣当开了近50个小时,一趟一趟坐着,车轮不觉间滚过了10年。

1994—2005年,南仁东走遍了贵州大山里的上百个窝凼。乱石密布的喀斯特石山里,不少地方连路都没有,只能从石头缝间的灌木丛中,深一脚、浅一脚地挪过去。

时任贵州平塘县副县长的王佐培,负责联络望远镜选址,第一次见到这个"天文学家",诧异他太能吃苦。

七八十度的陡坡,人就像挂在山腰间,要是抓不住石头和树枝,一不留神就摔下去了。王佐培说:"他的眼睛里充满兴奋,像发现了新大陆。"

1998年夏天,南仁东下窝凼时,偏偏怕什么来什么,瓢泼大雨从天而降。因为亲眼见过窝凼里的泥石流,山洪裹着砂石,连人带树都能一起冲走。南仁东往嘴里塞了救心丸,连滚带爬回到垭口。

"天眼"之艰,不只有选址。

这是一个涉及领域极其宽泛的大科学工程,天文学、力学、机械、结构、电子学、测量与控制、岩土……从纸面设计到建造运行,有着十万八千里的距离。

"天眼"之难,还有工程预算。

有那么几年时间,南仁东成了一名"推销员",大会小会、中国外国,逢人就推销"天眼"项目。

"天眼"成了南仁东倾注心血的孩子。

他不再有时间打牌、唱歌,甚至东北人的"唠嗑"也扔了。他说话越来越开门见山,没事找他"唠嗑"的人,片刻就会被打发走。

审核"天眼"方案时,不懂岩土工程的南仁东,用了1个月时间埋头学习,对每一张图纸都仔细审核、反复计算。

即使到了70岁,他还在往工地上跑。中国电子科技集团公司第五十四研究所的邢成辉,曾在一个闷热的夏日午后撞见南仁东。为了一个地铆项目的误差,南仁东放下筷子就跑去工地,生怕技术人员的测量出了问题。

一个当初没有多少人看好的梦想,最终成为一个国家的骄傲。

"天眼",看似一口"大锅",却是世界上最大、最灵敏的单口径射电望远镜,可以接收到百亿光年外的电磁信号。

"20多年来他只做这一件事。"南仁东病逝消息传来,国家天文台台长严俊把自己关在屋里哭了一场:"天眼"项目就像为南仁东而生,也燃烧了他最后20多年的人生。

"狂":做世界独一无二的项目

"对他而言,中国需要这样一个望远镜,他扛起这个责任,就有了一种使命感。"

狂者进取。

"天眼"曾是一个大胆到有些突兀的计划。20世纪90年代初,中国最大的射电望远镜口径不到30米。

与美国寻找地外文明研究所的"凤凰"计划相比,口径500米的中国"天眼",可将类太阳星巡视目标扩大至少5倍。

世界独一无二的项目,不仅是研究天文学,还将叩问人类、自然和宇宙亘古之谜。在不少人看来,这难道不是"空中楼阁"吗?

中国为什么不能做?南仁东放出"狂"言。

他骨子里不服输。20世纪八九十年代出国开会时,他就会拿着一口不算地道的英语跟欧美同行争辩,从天文专业到国际形势,有时候争得面红耳赤,完了又搂着肩膀一块儿去喝啤酒。

多年以后,他还经常用他那富有磁性的男中音说一个比喻:当年哥伦布建造巨大船队,得到的回报是满船金银香料和新大陆;但哥伦布计划出海的时候,伊莎贝拉女王不知道,哥伦布也不知道,未来会发现一片新大陆。

这是他念兹在兹的星空梦——中国"天眼",FAST,这个缩写也正是"快"的意思。

"一个野心勃勃的计划。"国际同行这样评价。

"对他而言,中国需要这样一个望远镜,他扛起这个责任,就有了一种使命感。""天眼"工程副经理张蜀新与南仁东的接触越多,就越理解他。

"天眼"是一个庞大系统工程,每个领域,专家都会提各种意见,南仁东必须做出决策。

没有哪个环节能"忽悠"他。这位"首席科学家""总工程师",同样也是一个"战术型的老工人"。每个细节,南仁东都要百分百肯定的结果,如果没有解决,就一直盯着,任何瑕疵在他那里都过不了关。

工程伊始,要建一个水窖。施工方送来设计图纸,他迅速标出几处错误打了回去。施工方惊讶极了:这个搞天文的科学家怎么还懂土建?

一位外国天文杂志的记者采访他,他竟然给对方讲起了美学。

"天眼"总工艺师王启明说,科学要求精度,精度越高性能越好;可对工程建设来说,精度提高一点,施工难度可能成倍增加。南仁东要在两者之间求得平衡,不是一件容易的事。

外人送他的天才"帽子",南仁东敬谢不敏。他有一次跟张蜀新说:"你以为我是天生什么都懂吗?其实我每天都在学。"的确,在张蜀新记忆里,南仁东没有节假日的概念,每天都在琢磨各种事情。

2010年,因为索网的疲劳问题,"天眼"经历了一场灾难性的风险。65岁的南仁东寝食不安,天天在现场与技术人员沟通。工艺、材料,"天眼"的要求是现有国家标准的20倍以上,哪有现成技术可以依赖。南仁东亲自上阵,日夜奋战,700多天,经历近百次失败，方才化险为夷。

因为这个"世界独一无二的项目"，他一直在跟自己较劲。

"野"——永远保持对未知世界的求知欲望

"科学探索不能太功利，只要去干，就会有意想不到的收获。"

南仁东的性格里有股子"野劲"，想干的事一定要干成。

2014年，"天眼"反射面单元即将吊装，年近七旬的南仁东坚持自己第一个上，亲自进行"小飞人"载人试验。

这个试验需要用简易装置把人吊起来，送到6米高的试验节点盘。在高空中无落脚之地，全程需手动操作，稍有不慎，就有可能摔下来。

从高空下来，南仁东的衣服被汗水浸透了，但他发现试验中的几个问题。

"他喜欢冒险。没有这种敢为人先的劲头，是不可能干成'天眼'项目的。"严俊说。

"天眼"现场有6个支撑铁塔，每个建好时，南仁东总是"第一个爬上去的人"。几十米高的圈梁建好了，他也要第一个走上去，甚至在圈梁上奔跑，开心得像个孩子。

如果把创造的冲动和探索的欲望比作"野"，南仁东无疑是"野"的。

在他看来，"天眼"建设不是由经济利益驱动，而是"来自人类的创造冲动和探索欲望"。他也时常告诉学生，科学探索不能太功利，只要去干，就会有意想不到的收获。

南仁东其实打小就"野"。他是学霸，当年吉林省的高考理科状元，考入清华大学无线电系。工作10年后，因为喜欢仰望苍穹，就"率性"报考了中科院读研究生，从此在天文领域"一发不可收拾"。

他的涉猎之广泛，学识之渊博，在单位是出了名的。曾有一个年轻人来参加人才招聘会，一进来就说自己外语学的是俄语。南仁东就用俄语问了他几个问题，小伙子愣住了，改口说自己还会日语。南仁东又用日语问了一个问题，让小伙子目瞪口呆了半天。

即使是年轻时代在吉林通化无线电厂的那段艰苦岁月，南仁东也能苦中作乐，"野"出一番风采。

工厂开模具，他学会了冲压、钣金、热处理、电镀等"粗活"。土建、水利，他也样样都学。他甚至带领这个国企工厂的技术员与吉林大学合作，生产出我国第一代电子计算机。

20多年前，南仁东去荷兰访问，坐火车横穿西伯利亚，经苏联、东欧等国家。没想到，路途遥远，旅途还未过半，盘缠就不够了。

绘画达到专业水准的南仁东，用最后剩的一点钱到当地商店买了纸、笔，在路边摆摊给人家画素描人像，居然挣了一笔盘缠，顺利到达荷兰。

"真"——他仿佛是大山里的"村民"

这位外貌粗犷的科学家，对待世界却有着一颗柔软的心。

面容沧桑、皮肤黝黑，夏天穿着T恤、大裤衩。这位外貌粗犷的科学家，对待世界却有着一颗柔软的心。

大窝凼附近所有的山头，南仁东都爬过。在工地现场，他经常饶有兴致地跟学生们介绍，这里原来是什么样，哪里有水井、哪里种着什么树，凼底原来住着哪几户人家。仿佛他自己曾是这里的"村民"。

"天眼"馈源支撑塔施工期间，南仁东得知施工工人都来自云南的贫困山区，家里都非常艰难，便悄悄打电话给"天眼"工程现场工程师雷政，请他了解工人们的身高、腰围等情况。

当南仁东第二次来到工地时，随身带了一个大箱子。当晚他叫上雷政提着箱子一起去了工人的宿舍，打开箱子，都是为工人们量身买的T恤、休闲裤和鞋子。

南仁东说："这是我跟老伴去市场挑的，很便宜，大伙别嫌弃……"回来路上，南仁东对雷政说，"他们都太不容易了。"

第一次去大窝凼，爬到垭口的时候，南仁东遇到了放学的孩子们。单薄的衣衫、可爱的笑容，触动了南仁东的心。

回到北京，南仁东就给县上干部张智勇寄来一封信。"打开信封，里面装着500元，南老师嘱托我，把钱给卡罗小学最贫困的孩子。他连着寄了四五年，资助了七八个学生。"张智勇说。

在学生们的眼中，南仁东就像是一个既严厉又和蔼的父亲。

2013年，南仁东和他的助理姜鹏经常从北京跑到柳州做实验，有时几个月一连跑五六趟，目的是解决一个十年都未解决的难题。后来，这个问题终于解决了。

"我太高兴了，以致有些得意忘形了，当我第三次说'我太高兴了'时，他猛浇了我一盆冷水：高兴什么？你什么时候看到我开心过？我评上研究员也才高兴了两分钟。实际上，他是告诉我，作为科学工作者，一定要保持冷静。"姜鹏说。

即使在"天眼"工程竣工时，大家纷纷向南仁东表示祝贺，他依然很平静地说，大望远镜十分复杂，调试要达到最好的成效还有很长一段路。

2017年4月底，南仁东的病情加重，进入人生倒计时阶段。

正在医院做一个脚部小手术的甘恒谦，突然在病房见到了拎着慰问品来看望自己的老师南仁东夫妇，这让他既惊讶又感动。

"我这个小病从来没有告诉南老师，他来医院前也没有打电话给我。他自己都病重成那样了，却还来看望我这个受小伤的学生。"甘恒谦内疚地说，医院的这次见面，竟成为师生两人的永别。

知识渊博、勇于发表观点的南仁东在国际上有许多"铁哥们"。每次见面，都是紧紧握手拥抱。有一个老科学家，在去世之前，还专门坐着轮椅飞到中国来看望南仁东。

不是院士，也没拿过什么大奖，但南仁东把一切看淡。一如病逝后，他的家属给国家天文台转达的他的遗愿：丧事从简，不举行追悼仪式。

"天眼"，就是他留下的遗产。

还有几句诗，他写给自己，和这个世界：

"美丽的宇宙太空以它的神秘和绚丽，召唤我们踏过平庸，进入它无垠的广袤。"

——新华社，陈芳、王丽、董瑞丰、刘宏宇、齐健，http://www.xinhuanet.com/2017-09/24/c_1121715762.htm，2017-09-24

【思考讨论】

为什么南仁东先生放弃国外优渥的条件，不为名利，为中国探空事业无私奉献？

【案例点评】

南仁东是我国著名天文学家，是国家重大科技基础设施建设项目——"中国天眼"

FAST工程的发起者和奠基人。他一直负责FAST的选址、预研究、立项、可行性研究及初步设计,编订了FAST科学目标;他大胆提出利用我国贵州省喀斯特洼地作为望远镜台址,舍小家、顾大业,跋山涉水,在贵州大山深处奔波了12年,为FAST工程建设发挥了关键作用;他全面指导FAST工程建设,70多岁高龄仍坚持奋斗在工作一线,身患重疾仍亲临工程现场,主持攻克了索疲劳、动光缆等一系列技术难题,为这一重大工程的顺利落成做出了重要贡献;他虚怀若谷,从不计较个人名利,长期默默无闻地奉献在科研工作第一线,与全体工程团队一起通过不懈努力,迈过重重难关,实现了中国拥有世界一流水平望远镜的梦想。

【教学建议】

南仁东为科学事业奋斗到生命最后一刻,用无私奉献的精神谱写了精彩的科学人生。他的爱国情怀、科学精神、高尚情操与杰出品格堪称楷模。我们要学习南仁东淡泊名利、忘我奉献的高尚情操。南仁东先生自觉做践行社会主义核心价值观的时代先锋,潜心研究、淡泊名利、知行合一,经得起挫折、耐得住寂寞,立足岗位、忘我工作,为建设世界科技强国贡献全部聪明才智。

案例三 中国航天员身上的重与轻:国家很重 个人很轻

【案例呈现】

"轻",让他们的梦想更远;"重",让他们的脚步更实——航天员身上的重与轻。

有一群这样的人——"轻",让他们的梦想更接近星空和宇宙;"重",让他们的脚步更加豪迈壮阔。

他们就是中国航天员。

国家很重 个人很轻

"我为祖国感到骄傲"

2003年10月16日6时23分,"神舟五号"载人飞船返回舱着陆在内蒙古中部的阿木古郎草原,当航天员杨利伟身着乳白色航天服跨出返回舱时,说的第一句话就是"我为祖国感到骄傲"。此后,聂海胜两度飞天、景海鹏三上太空,每次凯旋后的第一句话,还是"我为祖国感到骄傲"。

八个字,字字恳切,重逾千钧,折射出航天员对祖国和人民的挚爱。这份挚爱源于深知:为托举他们一飞冲天,在祖国航天的各条战线上,多少人把铺盖搬到车间,多少人伏在桌案上入眠,多少老专家透支了健康,多少年轻人霜染两鬓⋯⋯

"祖国托举我飞天!"景海鹏记得,为了研制我国自己的舱外航天服,女设计师张万欣先后7次赴俄罗斯参加学习培训,不仅刻苦钻研技术原理,还主动参加操作训练。由于身材瘦小,她穿上充气加压后的舱外服,关节活动非常吃力,每次训练结束后都浑身湿透,累得瘫倒在地,半天也站不起来⋯⋯俄罗斯专家十分惊讶地问:"她不会就是你们中国选出来的女航天员吧?"科研人员把一天当作两天用,硬是靠着这种坚韧执着的拼劲,只用了4年时间，就完成了8年才能干成的事。翟志刚完成出舱活动后自豪地说：穿着自主研制的舱外航天服漫步太空，感觉真棒！

说起国家，航天员们似乎总有说不完的话，但提到个人，他们却常常轻描淡写：

20年来，在很多人看来，邓清明是个"消失"的人，甚至不少老家的亲戚都会这样问起："只听说是航天员，咋不见他上天哩？"作为目前航天员大队唯一没有执行过飞天任务的首批现役航天员，邓清明二十年如一日训练备战，3次入选任务梯队，却始终没能圆自己的飞天梦——"把生命中最宝贵的年华都献给了漫长的等待，你后悔吗？"邓清明这样回答："不管主份还是备份，都是航天员的本分！战友飞就是我在飞！"

"神九"出征前，北京航天城里回荡着《祖国不会忘记》这首歌，航天员们至今都感动不已……刘洋说："如今当大家对我说'你没有变'的时候，我知道我不曾忘记初心，不曾迷失自己。因为我清醒地知道托举我们飞天的双手，一只叫'科技'，一只叫'国力'。"

荣誉很重　名利很轻
做得最多的是回报国家、回报社会

三度飞天，荣誉等身。景海鹏收获了无数的鲜花和掌声。他仍然十分清醒："我是一个从农村长大的孩子，能够成长为一名航天员，实现人生一个又一个梦想，登上一个又一个台阶，所有的这一切，都是党和国家教育培养的结果，我没有别的方式来回报，只想尽我最大的可能多干几年、多飞几次。"

如今，航天员中有7人已是年过半百的将军，每次训练他们仍然带头参加，高难科目抢着上，航天生理功能、航天环境耐力与适应性始终保持在优良等级。备战"神九"任务的那年春节，刘洋在模拟器训练馆遇到了正练得热火朝天的聂海胜，他笑着说："年纪大了，只有多花点时间才能不落后你们年轻人啊！"

面对党和人民给予的崇高荣誉，他们说得最多的是"荣誉属于祖国，属于全国人民，属于每名航天科技工作者"；他们做得最多的是回报国家、回报社会。20年来，航天员们走进校园、走进军营、走进社会，用上千场报告、数百次公益活动，宣传航天精神，播撒科学种子，诠释了肩负的社会责任。

"大家好，我是王亚平，本次授课由我来主讲……"完美的太空一课让"教师"成了航天员王亚平的第二职业；这些年，她到过全国近百所学校，与青少年学生面对面交流。短短的一堂太空授课，点燃了无数中小学生心中的航天梦想。一个孩子在给她的来信中这样写道："我的梦想也是当一名航天员，请放心把接力棒交给我吧！"王亚平觉得，这是除了作为航天员飞上太空以外最美好的记忆。

计利只计国家利，留名只留集体名。"归零，归零，还是归零……"发射前的读秒倒计时没有"零"，但每次任务结束后，航天员们的心里都会补上这个"零"。"归零"让他们一次次放下个人的成绩、经历、得失，轻装上阵，始终以从零开始的心态去迎接新的挑战。

大爱很重　小爱也重
献身航天事业的爱最重

从航天员公寓到家属楼，直线距离不到500米，却成了"最远的距离"。10多年来，除双休日外，航天员都按规定集中管理、训练，经常过家门而不入。

"他们心里不是没有家，只不过自己的家是小家，筑梦九天的家才是大家；他们心里不是没有爱，只不过家庭亲情是小爱，献身航天事业的爱才是大爱。"一位航天员家属这样说。

在"神舟六号"航天员选拔训练的关键时刻，航天员聂海胜的母亲突发脑溢血。这个村里公认的孝子曾经发誓要让母亲有一个幸福的晚年，可为了载人航天事业，他却只能在病榻前守候3天。为了不让哥哥分心，弟弟聂新胜说："哥，咱俩分个工吧，你尽忠，我尽孝。"

"一人航天员，全家航天员。"在学习训练最艰苦的时候，家就成了航天员的"第二课堂"。成为航天员后，转椅是刘洋的第一道"拦路虎"。为提高成绩，刘洋的爱人就陪她一起"打地转"，帮她计数，还要做好保护……

王亚平报名参选航天员之初，爱人决定放弃自己钟爱的飞行事业，专心陪伴妻子踏上飞天征程。那段时间，细心的王亚平体会到了他的不舍，她说："你就自由自在地飞吧，我能照顾好自己。"如今，夫妻二人虽然见少离多，但正如他们约定的那样，在天空和太空比翼双飞，在各自的领域书写着人生的精彩。

"爸爸，你是不是不喜欢我了，不要我了？"在备战"神十一"任务期间，航天员陈冬的爱人为了让他专心训练，不得已，将双胞胎儿子中的一个送回了老家，经常"失踪"的爸爸让孩子心里"犯了嘀咕"。听到电话那头稚气的疑问，陈冬在愧疚之余，只能极力克制自己，心无旁骛地投入训练任务中，用完美的33天太空表现回馈家人。

"太空真的很神奇，人在太空身体会失重，心灵却不会。"20年来，这句话深深铭刻在每一位航天员的心里，激励着他们接续奋斗，一次次地在"重与轻"间做出人生无悔的选择。

——《人民日报》，谷业凯，余建斌，http://www.wenming.cn/hangyedianxing/yw_01/201801/t20180124_4568589.shtml，2018-01-24

【思考讨论】

新时代如何践行爱国主义精神？

【案例点评】

为了实现中华民族几千年的伟大飞天梦想，航天员们轻个人重国家、轻名利重荣誉、舍小家为大家，胸怀强烈的为国奉献的爱国主义精神。到目前为止，我们国家已经有11位航天员遨游太空，并安全地回到祖国大地。他们靠着坚强的毅力，挑战了一般人所难以想象的困难；靠着一种精益求精、一丝不苟的精神，实现了超越。他们是我们中华民族的英雄，是时代的英雄。他们这种精神，是我们每一个人都应该学习的。我们应该学习航天人不怕困难、敢于牺牲、一丝不苟、敢于承担的精神。这是我们中华民族的脊梁和灵魂。

【教学建议】

爱国主义是强调个人与国家之间相互支撑关系的学说，也是一种建立在理性基础之上的感性认同，表现为个人生活方式中的一系列选择。国家通过历史文化、生活保障、安全环境等多种渠道支撑起个人生活的意义与条件。但这些支撑在日常生活中过于稳定，以至于只有在这些支撑崩溃的时候，众多个人在漫长的重建过程中才体会得到这些支撑的可贵。中国人民将历史上反复取得的这种经验积累为爱国主义的学说与感情,并将之上升为民族精神的核心,形成了强大的主流意识形态和舆论环境,进而塑造了每一个生于斯、长于斯的中国人的生活方式。

案例四 代表热议报告中的那些案件:45 个典型案例彰显公平正义

【案例呈现】

3月9日下午,十三届全国人大一次会议举行第二次全体会议,听取最高人民检察院检察长曹建明关于最高人民检察院的工作报告。

值得注意的是,除了正文,在报告的附件 2 中,还用 19 页的篇幅介绍了检察机关近年来办理的 42 起重大案件。再加上报告中点到的天安门"10·28"、昆明"3·01"、莎车"7·28" 3 起重大暴恐案件,最高检报告中一共点到了 45 个案例。检察机关依法办理的这些案件,件件关乎百姓切身利益。

"通过最高检工作报告中的这些案例,看到了这几年中国法治的根本性变化。人民群众对司法的满意度大大提高,而这些正是通过具体的案例来体现的。"全国人大代表、湖南省经信委主任曹慧泉说。

在检察机关办理的所有案件中,这只是极小的一部分,却在各位代表心里留下了深刻印象。

建设平安中国,关注民生热点

"检察机关工作做得好,是发自肺腑的感慨。"甘肃省卫计委主任、医改办主任郭玉芬代表是连任四届的"老代表"了,她在接受记者采访时反复强调,多年来,她经历了最高检工作报告的整个变化过程,深刻体会到检察机关越来越以人民为中心,越来越替老百姓着想。

"社会不安定,遭殃的是老百姓。检察机关在保障民生、维护社会稳定方面做了很多工作。"郭玉芬是医务界代表,医疗秩序明显好转,她的体会最真切。

温岭杀医案、赵连生暴力伤医案等涉医犯罪案件一度让医患关系成为社会高度关注的话题。2013年,最高检部署了打击涉医违法犯罪专项行动。自 2014 年起,又连续 3 年与公安部、国家卫计委共同发布意见,坚决惩处涉医犯罪,维护医疗秩序,推进构建和谐医患关系。

"现在医院里很少有此类现象发生,老百姓有了安全的就医环境。"郭玉芬表示很高兴看到法治的进步。

蓝色钱江保姆纵火案、徐玉玉案、"快播"案、携程亲子园虐童案、于欢故意伤害案……每一起广受关注的案件背后,都是人民群众对公平正义的热切期盼。

"这些社会关注度高的热点案件与很多重大案件,检察机关都能够提前介入,及时引导侦查取证,提高办案效率,进行法律监督。"全国人大代表、安徽省蚌埠市市长王诚高度赞赏检察机关的快速反应机制。

守住百姓"钱袋子",防范化解经济金融风险

"我是从事经济方面工作的,比较关注经济类案件。检察机关办理的'e租宝''中晋系''善心汇'等案件反响非常好。"曹慧泉认为,国家现在经济发展形式多样,高速发展的同时容易滋生经济金融类犯罪,检察机关忠实履职为经济社会发展提供了坚强法治保障。

五年来,检察机关积极投入互联网金融风险专项整治,起诉破坏金融管理秩序、金融诈骗犯罪14.4万人,是前五年的2.2倍。

"最高检还成立张文中案、顾雏军案专门办案组,与最高法同步审查,依法提出检察意见。"曹慧泉还关注产权司法保护类案件。

2017年,最高检先后发布加强产权司法保护、依法保护企业家合法权益等政策文件;专项部署涉产权刑事申诉案件清理,对赛格集团申诉案等21件案件依法甄别纠正。

"这些案件都显示了检察机关护航经济发展的坚定决心。"曹慧泉说。

天网追逃,不让腐败分子躲进"避罪天堂"

"杨秀珠案我一直在关注,在检察机关与其他相关部门的努力下,让外逃职务犯罪嫌疑人主动归案,是对仍然抱有侥幸心理的腐败分子强有力的震慑。"民建安徽省委副主委、安徽省农业科学院副院长赵皖平代表对检察机关坚持不懈开展职务犯罪国际追逃追赃工作点赞。

在中央纪委统一领导下,检察机关2014年10月起持续开展专项行动,与相关部门密切协作,从42个国家和地区劝返、遣返、引渡外逃职务犯罪嫌疑人222人。赵皖平表示,追逃贪官极不容易,要付出很大代价,甚至还有流血牺牲。检察机关广大干警发扬坚韧不拔的奋斗精神,以人民为中心,以法律为准绳,取得了巨大成就。

把好公平正义最后一关,持续纠正冤错案件

"冤错案件不可避免,但要让这样的案件越来越少。聂树斌案从头到尾我都在关注。检察机关向社会公开了办案全过程,这个过程就是感受检察机关司法公正的过程。"郭玉芬表示,重大冤错案件的纠正让老百姓直观感受到了检察机关维护公平正义的决心和成效。

五年来,检察机关对受理申诉或办案中发现的"张氏叔侄强奸杀人案""沈六斤故意杀人案"等18起重大冤错案件,及时提出抗诉或再审检察建议,法院均改判无罪。对法院再审的聂树斌案、呼格吉勒图案、王力军无证收购玉米案等案件,检察机关同步成立专案组,重新复核证据、明确提出纠正意见,共同纠错。

"一个案件处理好了可以树立正确的社会导向,激发社会正能量。社会需要正确的价值导向,不能冤枉好人,也不能让坏人逃脱法网。"王诚表示,"检察机关司法公信力提高的同时,也满足了新时代人民群众对公平正义的新要求。"

——正义网,闫晶晶,http://news.jcrb.com/jszx/201803/t20180311_1848554.html,2018-03-11

【思考讨论】

如何实现平安中国,彰显公平正义?

【案例点评】

人民是历史的创造者,是决定党和国家前途命运的根本力量。充分保障人民平等参与、平等发展权利,建设法治国家、法治政府、法治社会,实现国家治理体系和治理能力现代化，是中国共产党人的不懈追求。党团结带领人民进行 28 年浴血奋战，成立了中华人民共和国，确立了社会主义基本制度，在中国历史上第一次实现了人民当家做主。党的十八大以来，我们党积极发展社会主义民主政治，推进全面依法治国，党的领导、人民当家做主、依法治国有机统一的制度建设全面加强，党的领导体制机制不断完善，社会主义民主不断发展，党内民主更加广泛，社会主义协商民主全面展开，中国特色社会主义制度更加完善，国家治理体系和治理能力现代化水平明显提高，全社会发展活力和创新活力明显增强。

【教学建议】

建设民主法制的社会主义现代化强国，必须坚持党的领导、人民当家做主、依法治国的有机统一，坚持中国特色社会主义政治发展道路，坚持和完善人民代表大会制度、中国共产党领导的多党合作和政治协商制度、民族区域自治制度、基层群众自治制度，努力把社会主义民主政治的优势和特点充分发挥出来，为人类政治文明进步做出充满中国智慧的贡献；必须长期坚持、不断发展我国社会主义民主政治，积极稳妥推进政治体制改革，推进社会主义民主政治制度化、规范化、法治化、程序化，保证人民依法通过各种途径和形式管理国家事务，管理经济文化事业，管理社会事务，保证人民当家做主落实到国家政治生活和社会生活之中；必须坚定不移走中国特色社会主义法治道路，坚持依法治国、依法执政、依法行政共同推进，坚持法治国家、法治政府、法治社会一体建设，建成社会主义法治国家；必须深化机构和行政体制改革，深化简政放权，创新监管方式，增强政府公信力和执行力，建设人民满意的服务型政府；必须高举爱国主义、社会主义旗帜，牢牢把握大团结大联合的主题，坚持一致性和多样性统一，巩固和发展爱国统一战线，共同致力于中华民族伟大复兴。

 视频资料

（1）观看第四章其他案例"大国工匠－李万军"视频，请扫描此二维码。

（2）观看第四章其他案例"带你走进利比亚撤侨＿现实比战狼 2 更惊心动魄"视频请扫描此二维码。

考考你

一、单项选择（请将正确答案的字母填写在括号内）

1. （　　）是中国特色社会主义的根本任务。
   A. 让一部分人先富起来　　　　　　B. 和平统一
   C. 人民当家做主　　　　　　　　　D. 解放和发展社会生产力

2. 社会主义民主的本质是（　　）。
   A. 人民当家做主　　　　　　　　　B. 实现全体人民的共同富裕
   C. 坚持人民代表大会制度　　　　　D. 坚持政治协商制度

3. （　　）是人类发展的终极诉求。
   A. 民主法治　　　　　　　　　　　B. 公平正义
   C. 诚信友爱　　　　　　　　　　　D. 人与自然和谐相处

4. 推进人的自由全面发展的根本途径是（　　）。
   A. 完善市场经济体制　　　　　　　B. 文化建设
   C. 发展生产力　　　　　　　　　　D. 制度创新

5. 推进人的自由全面发展的深层条件是（　　）。
   A. 文化建设　　B. 发展生产力　　C. 素质教育　　D. 制度创新

6. 中国特色社会主义的总布局是（　　）。
   A. 经济、政治、文化、社会建设"四位一体"
   B. 实现社会主义现代化和中华民族伟大复兴
   C. 社会主义初级阶段
   D. 经济、政治、文化、社会、生态文明建设"五位一体"

7. （　　）是社会主义道德建设的基本任务。
   A. 全面提高公民的科学文化素质　　B. 全面提高公民的道德素质
   C. 全面提高公民的身体素质　　　　D. 全面提高人民的综合素质

8. （　　）是社会主义核心价值体系的主题。
   A. 马克思主义指导思想　　　　　　B. 民族精神和时代精神
   C. 中国特色社会主义共同理想　　　D. 社会主义荣辱观

9. （　　）是社会主义核心价值体系的基础。
   A. 马克思主义指导思想　　　　　　B. 民族精神和时代精神
   C. 中国特色社会主义共同理想　　　D. 社会主义荣辱观

10. （　　），体现了社会主义核心价值观在价值导向上的定位，是立足社会层面提出的要求。
    A. "富强、民主、文明、和谐"　　　B. "自由、平等、公正、法治"
    C. "爱国、敬业、诚信、友善"　　　D. "富强、和谐、自由、敬业"

二、多项选择（请将正确答案的字母填写在括号内）

1. 中华民族传统文化源远流长，博大精深，积淀着中华民族最深层次的精神追求，包含着中华民族最根本的精神基因，是凝练社会主义核心价值观珍贵的思想资源。这包括以下理念中的（　　）。
   A. 重和谐　　　　B. 重伦理　　　　C. 重民本　　　　D. 重爱国
   E. 重自强

2. 社会主义核心价值观的基本特征，包括社会主义核心价值观的（　　）。
   A. 包容性、民族性　　　　　　B. 引领性、崇高性
   C. 时代性、传统性　　　　　　D. 和谐性、传统性

3. 马克思主义是社会主义核心价值观的（　　）。
   A. 基础　　　　B. 精髓　　　　C. 灵魂　　　　D. 依据

4. 中国共产党在领导中国革命、建设和改革的长期实践中，实现了马克思主义同中国实践相结合的两次历史性飞跃，产生了两大理论成果，即（　　）。
   A. 毛泽东思想　　　　　　　　B. 中国特色社会主义理论体系
   C. 改革开放　　　　　　　　　D. "一个中心，两个基本点"

5. 维护社会公正的重要价值在于（　　）。
   A. 社会公正是制度安排的基本依据
   B. 维护社会公正是缓解贫富差距的重要杠杆
   C. 社会公正有利于形成良性互动的社会结构
   D. 公平正义就是要尊重每一个人

三、判断对错（在括号内填写答案，正确的填写T，错误的填写F）

1. "人的自由而全面发展"是马克思主义关于社会主义核心价值观论述的首要命题。　　（　　）

2. "位卑未敢忘忧国""天下兴亡，匹夫有责"体现的是重伦理的中国传统文化理念。　　（　　）

3. 科学发展观的基本要求是全面协调可持续。　　（　　）

4. 社会主义核心价值观吸收了中国传统文化的"天人合一""自强不息""厚德载物""勤俭廉政""克己奉公""仁爱孝悌""仁义礼智信"等精华，符合社会主义初级阶段国情的"民富国强""民主法治""精神文明""和谐社会"等目标。　　（　　）

5. 坚持和巩固马克思主义的指导地位决定着社会主义核心价值观的资本主义性质与方向。　　（　　）

6. 党的十八大报告强调"调整国民收入分配格局，加大再分配调节力度，着力解决收入分配差距较大问题，使发展成果更多更公平惠及全体人民，朝着共同富裕方向稳步前进"，是对"以人为本"理念的深化，是对效率与公平的最新诠释。　　（　　）

7. 改革开放是兴国之要，发展仍是解决我国所有问题的关键。　　（　　）

8. 以人与自然和谐为核心的生态文明是对工业文明反思的必然要求。　　（　　）

9. 贫穷是产生社会矛盾的重要根源，而发展则是促进社会和谐的基础。　　（　　）

10. 尊重和保障人权是社会诚信友爱的动力之源。　　　　　　　　　（　　）

一、单项选择 1. D　2. A　3. D　4. C　5. A　6. D　7. B　8. C　9. D　10. B 二、多项选择 1. ABCDE　2. AB　3. BC　4. AB　5. ABC 三、判断对错 1. F　2. F　3. T　4. T　5. F　6. T　7. F　8. T　9. T　10. F

参考答案

第五章　明大德守公德严私德

 箴言选摘

"一个人只有明大德、守公德、严私德，其才方能用得其所。修德，既要立意高远，又要立足平实。踏踏实实修好公德、私德，学会劳动、学会勤俭，学会感恩、学会助人，学会谦让、学会宽容，学会自省、学会自律。"

——习近平

道德当身，不以物惑。

——管仲

道德能帮助人类社会升到更高的水平，使人类社会摆脱劳动剥削制。

——列宁

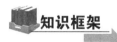 知识框架

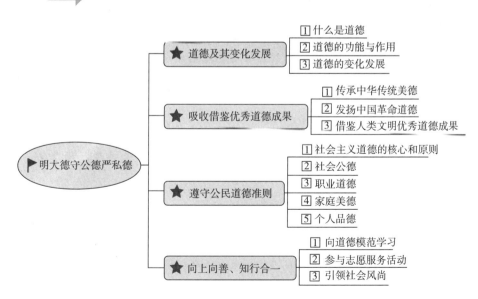

理论导学

【知识目标】

1. 了解道德的起源、本质、功能与作用。
2. 认识中华民族优良道德传统和社会主义道德建设的核心与原则。
3. 明确公民基本道德规范和公民道德建设的重点。
4. 了解公共生活、职业生活及婚姻家庭生活中的道德规范。
5. 明确个人品德的实践养成。

【能力目标】

1. 理解社会主义道德与社会主义市场经济的关系。
2. 明辨道德建设中的错误思潮。
3. 帮助大学生尽快把握社会主义道德建设的核心与原则。
4. 提高弘扬社会主义道德、进行道德修养的自觉性。
5. 树立正确的公德观、职业观、婚恋观。
6. 自觉遵守道德规范,加强道德修养,注重道德实践。

【素质目标】

1. 激发学生加强道德修养、践行诚信道德的兴趣与热情。
2. 增强学生努力践行社会主义道德观、荣辱观的觉悟。
3. 以崇尚社会公德为荣,以违背社会公德为耻。
4. 提升大学生自身文明素质,锤炼高尚品格,科学合理应对身边发生的各类文明素质问题。

【教学重点】

中华民族优良道德传统的内容、社会主义道德规范体系、公民基本道德规范的内容。深入理解社会生活中各类道德的基本规范要求,增强公德意识。自觉养成高尚品格,做知行合一的社会主义事业的建设者和接班人。

【教学难点】

如何结合自身实际情况,自觉锤炼个人品德,践行社会主义道德观、荣辱观。良好个人品德的实践与养成。

一、道德及其变化发展

了解道德的起源、本质、功能、作用及历史发展,有助于大学生更加自觉地明德惟馨、崇德修身。

（一）什么是道德

道德是以善恶为评价方式，主要依靠社会舆论、传统习俗和内心信念来发挥作用的行为规范的总和。

1. 道德的起源
(1) 劳动是道德起源的首要前提。
(2) 社会关系是道德赖以产生的客观条件。
(3) 人的自我意识是道德产生的主观条件。
2. 道德的本质
(1) 道德是反映社会经济关系的特殊意识形态。
(2) 道德是社会利益关系的特殊调节方式。
(3) 道德是一种实践精神。

（二）道德的功能与作用

1. 道德的功能
2. 道德的作用

（三）道德的变化发展

二、吸收借鉴优秀道德成果

（一）传承中华传统美德

1. 中华传统美德的基本精神
(1) 重视整体利益，强调责任奉献。
(2) 推崇"仁爱"原则，注重以和为贵。
(3) 提倡人伦价值，重视道德义务。
(4) 追求精神境界，向往理想人格。
(5) 强调道德修养，注重道德践履。
2. 中华传统美德的创造性转化和创新性发展
(1) 加强对中华传统美德的挖掘和阐发。
(2) 用中华传统美德滋养社会主义道德建设。

（二）发扬中国革命道德

1. 中国革命道德的形成与发展
2. 中国革命道德的主要内容
(1) 为实现社会主义和共产主义理想而奋斗。
(2) 全心全意为人民服务。
(3) 始终把革命利益放在首位。
(4) 树立社会新风，建立新型人际关系。

（5）修身自律，保持节操。

3. 中国革命道德的当代价值

（1）有利于加强和巩固社会主义与共产主义的理想信念。

（2）有利于培育和践行社会主义核心价值观。

（3）有利于引导人们树立正确的道德观。

（4）有利于培育良好的社会道德风尚。

（三）借鉴人类文明优秀道德成果

三、遵守公民道德准则

（一）社会主义道德的核心和原则

1. 为人民服务是社会主义道德的核心

（1）为人民服务是社会主义经济基础和人际关系的客观要求。

（2）为人民服务是社会主义市场经济健康发展的要求。

（3）为人民服务是先进性要求和广泛性要求的统一。

2. 集体主义是社会主义道德的原则

（1）集体主义强调国家利益、社会整体利益和个人利益的辩证统一。

（2）集体主义强调国家利益、社会整体利益高于个人利益。

（3）集体主义重视和保障个人的正当利益。

（二）社会公德

1. 公共生活与公共秩序

2. 公共生活中的道德规范

（1）文明礼貌。

（2）助人为乐。

（3）爱护公物。

（4）保护环境。

（5）遵纪守法。

3. 网络生活中的道德要求

（1）正确使用网络工具。

（2）健康进行网络交往。

（3）自觉避免沉迷网络。

（4）加强网络道德自律。

（5）积极引导网络舆论。

（三）职业道德

1. 职业生活与劳动观念

2. 职业生活中的道德规范

（1）爱岗敬业。

(2) 诚实守信。
(3) 办事公道。
(4) 服务群众。
(5) 奉献社会。

3. 树立正确的择业观和创业观
(1) 树立崇高的职业理想。
(2) 服从社会发展的需要。
(3) 做好充分的择业准备。
(4) 培养创业的勇气和能力。

4. 自觉遵守职业道德
(1) 学习职业道德规范。
(2) 提高职业道德意识。
(3) 提高践行职业道德的能力。

(四) 家庭美德

1. 注重家庭、家教、家风
(1) 注重家庭。
(2) 注重家教。
(3) 注重家风。

2. 恋爱、婚姻家庭中的道德规范

3. 树立正确的恋爱观与婚姻观
(1) 不能误把友谊当爱情。
(2) 不能错置爱情的地位。
(3) 不能片面或功利化地对待恋爱。
(4) 不能只重过程不顾后果。
(5) 不能因失恋而迷失人生方向。

(五) 个人品德

1. 个人品德及其作用
(1) 个人品德对道德和法律作用的发挥具有重要的推动作用。
(2) 个人品德是个体人格完善的重要标志。
(3) 个人品德是经济社会发展进程中重要的主体精神力量。

2. 掌握道德修养的正确方法
(1) 学思并重。
(2) 省察克治。
(3) 慎独自律。
(4) 知行合一。
(5) 积善成德。

3. 锤炼高尚道德品格

（1）形成正确的道德认知和道德判断。

（2）激发正向的道德认同和道德情感。

（3）强化坚定的道德意志和道德信念。

四、向上向善、知行合一

（一）向道德模范学习

（二）参与志愿服务活动

（三）引领社会风尚

1. 知荣辱
2. 讲正气
3. 做奉献
4. 促和谐

教学模式建议

本章的教学方式为师生合作教学、理论教学及师生学习共同体教学，课时分配为20，总积分27。其中理论教学学时为8、积分为12，师生学习共同体教学学时为10、积分为10，师生合作教学学时为2、积分为5。师生合作教学与师生学习共同体教学，要求教师应提前3周设计教学活动及面向广大学生下发活动方案、任务书。

实践指南

项目一 《校园的美》随手拍摄影活动

《校园的美》随手拍摄影活动方案

为深入学习、宣传、贯彻党的十九大精神，切实加强师生的思想道德建设，发现校园的美丽、感受校园的美丽，倡导文明礼仪，利用图片形式引导学生自觉树立文明良好形象，加强自我行为规范，树立基础文明形象，提高师生的综合素质，营造优良的学风、校风，学院决定开展《校园的美》随手拍摄影活动，具体方案如下。

一、指导思想

以激励广大师生发现美丽、感受美丽、创造美丽，且以人人讲文明话、做文明事、当文明人为目标,希望学生运用手机、相机等日常生活学习工具,用心捕捉到属于自己的校园一角,通过摄影艺术的形式挖掘和讲述富有浓郁新时代特色与生活气息的鲜活故事,更好地阐述、宣传和弘扬长春职业技术学院的美丽。

二、活动主题

本次活动以"校园的美"为主题,面向全校学生征集——记录生活、学习中的美丽。

三、活动对象

全体教学班。

注:以个人为单位。

四、活动要求

本次活动以图片与文字说明相结合,以制作展板为表现形式,我院全体秋季新生以个人为单位,拍摄一张以"校园的美"为主题的照片,然后制作成PPT,课前1周发给班长,班长将其复制到一个PPT中,再发给老师,并且每人上交一份任务书(表5-1)。

表5-1 《校园的美》随手拍摄影活动任务书

分院:		班级:		专业:		姓名:		学号:		导员:		电话:	
活动名称	《校园的美》随手拍摄影活动			作品类型				作品名称					
作品说明													
学习收获													

(1)作品内容是展现关于长春职业技术学院校园生活中有关环境、秩序、规范、文明礼仪、道德等方面的美丽。

（2）PPT中，每幅图片上方写出标题（自拟），图片下方必须书写精短作品描述，每张图片描述50~100字。要求格调高雅，具有故事性、艺术性、观赏性。

（3）拍摄必须在确保自身安全状态之下进行；拍摄者不能泄露拍摄对象人身份，要对其隐私等部位进行打马赛克等技术处理，要征得拍摄对象同意。

（4）作品请自留备份，上交作品一律不退还。

（5）作品必须为本人原创，严禁改编。版权无争议，为作者本人所有，严禁侵权行为，参赛作品如违反肖像权、名誉权、隐私权、著作权、商标权等，涉及法律责任均由作者本人承担。作品拒绝国家法律、法规明令禁止的内容。

（6）作品的所有版权归创作者所有，主办方无偿拥有该作品相应的传播使用权，即有权对全部作品进行任何形式的对外推广，包括在电视媒体、网络平台、展播等，作者享有署名权。参赛作品有义务配合活动相关环节的宣传推介和展示。

（7）凡提交作品者，均视为自愿接受上述各项条款，本次活动的最终解释权归主办方。

（8）特殊说明：守国家法律法规，不含有涉及色情、暴力、种族与宗教歧视等国家有关法律法规禁止或与其抵触的内容。严禁恶搞红色经典及英雄人物、格调低俗的作品；严查价值导向偏差、含有法律法规禁止内容的作品，情节严重的，依法从重处理。要求严肃对待经典革命题材文化作品，尊重历史、敬重经典、礼赞英雄，自觉抵制和清除黄色等不良内容。

五、活动考核标准

（1）主题鲜明、色彩饱和、图片描述突出主题、生动而细致、构图较完美、和谐有创意作品给予满分2积分。不参与活动的学生给予0积分。

（2）其他学生教师酌情给予积分。

六、活动具体安排

教师提前1周进行活动布置。具体安排为：

（1）活动布置。形式及内容：各班级思政教师在课堂进行通知并委派此项活动负责人。

（2）作品收集阶段。形式及内容：此项活动负责人将作品交至本班思政教师。

（3）作品分数确定及展出。各班级思政教师要本着公平、公正、公开的原则，对作品进行打分后统一展出。

项目二　宣讲英雄故事

宣讲英雄故事活动方案

一个强大的国家不会丢弃历史，一个伟大的民族不会忘记英雄。为了弘扬中国精神，为了培育大学生爱国情怀，也为大学生提供一个展示自我的平台，同时提升学生语言表达能力，增强学习动力，学院决定开展宣讲英雄故事教学活动，活动具体方案如下。

一、指导思想

适应新时代,适应学生个性发展,坚持以科学发展为导向,以积极推进校园文化建设为指导思想,讲好英雄故事,传承英雄精神,弘扬中国革命道德教育。

二、活动主题

本次活动以"聆听英雄故事,铭记英雄壮举"为主题,面向全校大一学生开展讲授英雄故事活动。

三、活动对象

全体新生。

注:参赛主体为学生团队,团队成员2～4人。

四、活动要求

(1) 以班级为单位,2～4名学生组建一个讲英雄故事团队,团队成员共同协作,制作讲稿、PPT,推荐1人负责讲授。

(2) 讲课时间:3～5分钟。

(3) 团队严禁侵权行为,涉及法律责任均由参赛者承担。

(4) 团队有义务配合思政部进行活动相关环节的宣传推介和展示。

(5) 特殊说明:严禁恶搞红色经典及英雄人物、格调低俗的内容;严查价值导向偏差、含有法律法规禁止内容的作品,情节严重的,依法从重处理。要求严肃对待经典革命题材文化作品,尊重历史、敬重经典、礼赞英雄,自觉抵制和清除不良内容。

(6) 每个学生活动结束后上交任务书(表5-2)。

表5-2 宣讲英雄故事任务书

分院:　　班级:　　专业:　　姓名:　　学号:　　导员:　　电话:

活动名称	宣讲英雄故事	作品名称		负责工作	
工作过程及作品说明					

续表

学习收获	

五、活动考核标准

（1）主题鲜明、构思精巧、创意独特、讲授逻辑清晰、表现新颖，给予满分 2 积分。优秀团队队员在总评成绩基础上加 2 分，总评成绩不能超过总分 100 分。不参与活动的学生给予 0 积分。

（2）其他学生教师酌情给予积分。

六、活动安排

（1）活动布置阶段。形式及内容：各班级思政教师在课堂进行通知并委派此项活动负责人。

（2）作品准备阶段。形式及内容：团队精心准备与演练。

（3）课堂展示阶段。各班级思政教师要本着公平、公正、公开的原则，对作品进行打分。

项目三　公益展播

公益展播活动方案

为深入学习、宣传、贯彻党的十九大精神，切实加强师生的思想道德建设，倡导公益事业，提升大学生的服务意识和奉献意识，使其承担起对社会的责任，在大学生群体中营造出积极关注社会、关注公益事业的氛围，学院决定开展"微公益，献爱心——贡献青春力量"公益活动，活动具体方案如下。

一、指导思想

以党的十九大精神为指导，坚持以人为本，以服务社会为宗旨，以弘扬中华民族传统美德为己任，通过实践行动，勇于承担责任，走进公益，从内心出发来演绎属于大学生的风采，为构建和谐社会贡献力量。

二、活动主题

本次活动以"微公益,献爱心——贡献青春力量"为主题,以团队为单位,积极关爱学校,积极培育、践行社会主义核心价值观。

三、活动对象

全体教学班。

注:以团队为单位。

四、活动要求

(1) 团队统一部署,协调、统一行动,严禁私自脱队。

(2) 全员参与,公益为先。全体师生要提高认识,端正态度,不借公益活动之机进行任何其他无关宣传。

(3) 活动过程中全体师生严格遵守秩序、规范、文明礼仪。

(4) 全体师生注意安全,遇到各类突发问题,应立即向负责教师反映。

(5) 身体不适或患有高血压、心脏病、传染性疾病及不适宜劳动的学生及时与教师沟通。

(6) 活动结束后,每人填写并上交任务书(表5-3)。

表5-3 公益展播活动任务书

分院:　　　班级:　　　专业:　　　姓名:　　　学号:　　　导员:　　　电话:

活动名称	公益展播活动	活动地点		负责工作	
工作过程说明					
学习收获					

五、安排及活动细则

（1）活动启动及宣传阶段。形式及内容：举办首届公益活动启动仪式；利用学院广播、网站、微博、微信等新闻媒体，文件通知、海报张贴等方式，面向全院发布活动信息，摄像、宣传等事宜专人负责。

（2）活动实施。形式及内容：以团队为单位在校内做公益，并且做好10分钟录像工作。以个人为单位填写任务书。以团队为单位上交10分钟团队公益录像。课堂进行公益视频展播，且由一名队员发表感想，时间为3~5分钟。

（3）活动总结。展播后，各行政班级教师在活动后对此项活动进行总结。

项目四　图书馆之行——职业、择业、创业教学活动

图书馆之行——职业、择业、创业教学活动方案

为了提高大学生自主学习能力、资料收集与整理能力、创造性思维和实践动手能力，也为大学生提供一个展示自我的平台，同时增强大学生科学的自我认知与理性的择业与创业能力，做好大学生活规划，提前思考自己的未来，学院决定开展图书馆之行——职业、择业、创业教学活动，活动具体方案如下。

一、指导思想

适应新时代，适应学生个性发展，坚持以科学发展为导向，积极推进学生思想教育，面对学习与生活，社会与未来职业，学会用自己的眼睛观察，沉下心来思考未来。

二、活动主题

本次活动以"职业、择业、创业"为主题，面向全校学生举行活动。

三、活动对象

全体教学班。

注：以团队为单位。

四、活动要求

（1）要求教学班学生以团队为单位，队长从A、B、C、D、E、F类作品形式中进行选择，选择后带领队员到图书馆寻找相关书籍，队员选择其中一本书进行快速阅读，阅读后每人上交一份任务书（表5-4）。

表 5-4 图书馆之行——职业、择业、创业教学活动任务书

分院：　　　班级：　　　专业：　　　姓名：　　　学号：　　　导员：　　　电话：

专题名称	图书馆之行——职业、择业、创业教学活动	时间		地点		作品名称	
作品推荐							
学习收获							

（2）作品形式。

A 类：在图书馆找到关于创业方面的书籍，团队成员每人挑选一本，快速阅读后，完成任务书。

B 类：在图书馆找到关于口才方面的书籍，团队成员每人挑选一本，快速阅读后，完成任务书。

C 类：在图书馆找到关于管理方面的书籍，团队成员每人挑选一本，快速阅读后，完成任务书。

D 类：在图书馆找到关于心理健康方面的书籍，团队成员每人挑选一本，快速阅读后，完成任务书。

E 类：在图书馆找到关于口才方面的书籍，团队成员每人挑选一本，快速阅读后，完成任务书。

F 类：在图书馆找到关于励志方面的书籍，团队成员每人挑选一本，快速阅读后，完成任务书。

（3）特殊说明：遵守国家法律法规，不含有涉及色情、暴力、种族与宗教歧视等国家有关法律法规禁止或与其抵触的内容。严禁恶搞红色经典及英雄人物、格调低俗的作品；严查价值导向偏差、含有法律法规禁止内容的作品，情节严重的，依法从重处理。要求严肃对

待经典革命题材文化作品，尊重历史、敬重经典、礼赞英雄，自觉抵制和清除黄色等不良内容。

五、活动作品考核标准

（1）凡是按要求完成任务的学生均给予满分 2 积分。不参与活动的学生给予 0 积分。
（2）其他作品由教师按要求给予积分。

六、时间安排

（1）活动布置。形式及内容：各班级思政教师在课堂进行通知并委派此项活动负责人。
（2）作品收集阶段。形式及内容：此项活动负责人将作品交至本班思政教师。
（3）作品分数确定。作品上交 1 周内确定作品分数，各班级思政教师要本着公平、公正、公开的原则，对作品进行打分。

项目五　观看视频影音活动

观看视频影音活动方案

大学生加强道德修养，是社会主义伟大事业的必然要求，为培养大学生道德修养的自觉性，为丰富大学生活，为增强教学吸引力，学院决定开展观看视频影音教学活动，活动具体方案如下。

一、指导思想

适应新时代，适应学生个性发展，坚持以科学发展为导向，以积极推进校园文化建设为指导思想，进一步提升大学生道德修养。

二、活动主题

本次活动以"感受道德力量，提升道德修养"为主题，面向全校大一学生开展此项活动。

三、活动对象

全体教学班。

四、活动要求

（1）以班级为单位，在本班多媒体教室观影。
（2）课程结束后，以个人为单位上交任务书（表 5–5）。

表 5-5 观看视频影音活动任务书

分院：　　　班级：　　　专业：　　　姓名：　　　学号：　　　导员：　　　电话：

活动名称	观看视频影音活动	活动负责项目	
活动过程简介			
参与收获			

五、活动考核标准

（1）按要求完成活动且任务书书写优秀的学生给予满分 2 积分。不参与活动的学生给予 0 积分。

（2）其他学生教师酌情给予积分。

六、时间安排

（1）活动布置。形式及内容：各班级思政教师在课堂进行通知并委派此项活动负责人且提前布置任务书。

（2）课堂完成阶段。认真观影，用心感悟，完成任务书。

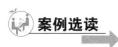
案例选读

案例一　女孩带八十岁养母读研：她陪我长大，我陪她到老

【案例呈现】

来与记者见面前，西北工业大学研究生孙玉晴刚刚完成了一场担惊受怕的寻人行动——

母亲又走丢了，如今这是她不得不面对的日常"小状况"。

享受旅行、肆意追梦、甜蜜恋爱，这些距离孙玉晴都太过遥远。自高三那年养父过世，摆在孙玉晴面前的只有身兼数职"吃饱饭"，攒钱给养母看病，不负养父嘱托完成学业。

孙玉晴勇敢、坚定，8年来她自强奋进，不仅完成了从高职到本科再到研究生的课业，还带着养母畅游北京。

在生活窘迫稍有缓解的时刻，79岁的养母患上了老年痴呆症，为了照顾养母，她只能把自己的活动范围限定在校内。尽管更大的挑战仍在继续，孙玉晴却坚定如初："养母陪我长大，我陪她到老。没有她，就没有今天的我。"

一条用兼职搭建的升本、考研路

养父母捡到孙玉晴时已是65岁和51岁高龄，虽是养女，他们却视如己出，邻居们说"能养活就不错了"，他们却靠捡卖废品全力支持女儿上学。

5岁起，孙玉晴放学的第一件事就是拿好袋子跟养母一起去捡拾废品，和养父一起卖废品，给养父母做饭、洗脚、洗衣服、捶背都是她最爱做的事。虽然日子过得紧巴，但那是孙玉晴心底最温暖的回忆。

饱受高血压和风湿煎熬的年迈养父，最终还是没能等到女儿考上大学，在孙玉晴高三那年离世。"那时候特别自责，一想到我妈一个人孤零零在医院照顾我爸，就痛恨自己什么也做不了。"忆起往事，孙玉晴泪水哗然。

至亲离世，还没来得及处理好悲伤的情绪，孙玉晴便不得不面对日益逼近的高考。遗憾的是，那一年她只考上了高职。

"我一定要上大学！给我爸妈争气。"踏入学校的第一天，孙玉晴就下了这样的决心。然而彼时，孙玉晴面临的更迫切的问题是"生活费"。

去食堂打工，是孙玉晴初入学校时唯一能找到的兼职。卖饭、洗碗、擦餐桌、倒剩饭，早中晚三个时段的忙碌，只能换来80元的月薪。"很多同学不明白我为什么要去干这个，但这可以省去一日三餐的生活费。"孙玉晴说这份兼职她干了整整一年。

做销售、翻译、发传单，一天三个家教……在同学眼中，孙玉晴是一个不会玩的"怪人"，因为除去兼职时间，她几乎都在图书馆度过，大家最爱卧居的宿舍是她待得最少的地方。

"太辛苦了，我舍不得睡觉，从来没午休过，专升本只有一次机会，我必须确保万无一失。"提起大学的日子，孙玉晴再次泪目，尽管她已说不清为什么当时会有那样的勇气，但对那份在她心中"必须承担的责任"记忆深刻。

功夫不负有心人，孙玉晴不仅成功考取了本科，还在2016年考取了西北工业大学的研究生。

攒钱圆了养母北京旅行梦

除了克服学习、生活上的压力，养母每况愈下的身体状况是孙玉晴最忧心的事。大学那几年，养母每年都要住院三四次，孙玉晴每半月都要从学校回家一趟，火车票放了满满一抽屉。

子欲养而亲不待，养父离世是孙玉晴心中永远的痛。为了在还来得及的时候报恩尽孝，孙玉晴决定奢侈一次，帮养母完成"到北京看看毛主席"的心愿。

在北京游玩的4天，母女俩经历了太多的第一次：第一次坐飞机、第一次坐缆车、第一次坐游船、第一次上长城。生平第一次"挥金如土",4天花了3 500多元。孙玉晴说:"虽然打工攒钱很辛苦,但那些天我们很开心,所以我觉得自己做得对。"

如今患上了老年痴呆症的养母,头脑不清醒,总跟孙玉晴闹脾气,还不时走丢。但她也时不时无意提起"我去过北京""坐过飞机"的事,这让奔波在学业和照顾"孩子一样"母亲的孙玉晴疲惫中多了一丝安慰。

"感谢所有帮助过我的人"

一路走来,外界的每一份关怀于她而言都弥足珍贵。

收到西北工业大学研究生录取通知书的当天,孙玉晴一边是欣喜,一边是忐忑。时年76岁的养母身体越来越差,她怎能把养母独自留在湖北老家?思考再三,孙玉晴拨通了辅导员的电话。素未谋面,辅导员却在了解了情况后,立即伸以援手,不仅帮她找房子,还帮她申请一系列补助,解决经济上的困难。

学校的关怀让孙玉晴至今感动不已,她说:"这是当时我面临的最大的困难,在陕西我人生地不熟,都是学校帮着出力。所以我发誓一定要好好学习。"

硕士期间,孙玉晴一边细心照顾养母,一边砥砺前行。在学习科研上,她赴新加坡、印度尼西亚参加外语类顶级国际会议并作口头汇报;以第一作者的身份在核心期刊等发表多篇论文并获得了多项奖学金;被评选为第十二届"中国大学生年度人物";在由共青团中央、全国学联主办的"青春自强·励志华章"主题活动中,获得2016年"中国大学生自强之星"称号。

"一路上我需要感谢的人太多了,我觉得自己所有的努力就是为了回馈那些帮助过我的人。"时序更迭,孙玉晴仍记得高中时期那些关于"一件衣服""一顿饭"的关切,"可能老师觉得微不足道,但对当时的我来说是莫大的安慰"。

梦想当教师回馈社会

2018年,孙玉晴27岁了,生活的磨砺让她考虑事情比同龄人更加长远。

孙玉晴对从业方向有着清晰的规划。养父曾是小学老师,成长过程中蒙受师恩,让孙玉晴对教师这个职业怀有特殊的情结。她说,"我想当老师,想去关心那些有困难的学生,想让那些遇到困难的学生能从我身上学到一些东西。"

在实现职业理想之前,孙玉晴还有一个读博的愿望,许多目睹她艰辛生活的同学对此并不能理解——"为什么不去工作?"

孙玉晴坦言,她对学术有着一份特殊的热爱;此外,在她看来,只有留在学校,才有更多时间守着母亲。"我知道未来还有更多的困难,但那么难的日子都过来了,车到山前必有路,所以我会一直坚持、努力,去实现自己的梦想。"说这些话时,孙玉晴笑了。

——中国青年网,高琦,代红玉,http://www.wenming.cn/sbhr_pd/tt/201806/t20180606_4713602.shtml,2018-06-06

【思考讨论】

作为新时代青年为什么要继承发扬尊老爱幼的传统美德?

【案例点评】

由养父母抚养长大,她知责感恩,孝敬年迈养母。带着78岁的养母上学。她无畏坎坷,仁孝为先，追逐梦想，八千里路一心进学；她进取向上，改写命运之书，春秋几许，坚持努力。从专科到"985"硕士研究生，她自强不息，不负初衷。

【教学建议】

敬老爱老是中华民族的优良传统，是家庭伦理的核心要求，是社会道德的基本价值取向，也是国家文明进步的标志。古有"百里负米""卧冰求鲤""亲尝汤药"等二十四孝故事代代相传，而今，我们身边涌现了"当代中国二十四孝"，他们是孝行典范。当今社会要继承和发扬敬老爱老优良传统，以行动诠释孝的内涵。常怀敬老之心、常兴爱老之风、常做助老之事，营造祥和共融的社会风尚。世界上什么都能等，唯有尽孝不能等。让我们一起努力，因为孝不能迟。

案例二　刘伯承元帅的为与不为

【案例呈现】

刘伯承是我军杰出的领导人，一生戎马、战功卓著，享有"军神"美誉。毛泽东评价他是"一条龙下凡"，朱德称他"具有古名将风，是不可多得的军事奇才"，陈毅也赋诗盛赞"论兵新孙吴，守土古范韩"。刘伯承不仅是军事指挥家，还是军事理论家、军事教育家，以高超的"带兵、练兵、用兵"才能为世人所称道，更以不跟风、不附势的坚强党性，不居功、不恋权、甘当孺子牛的朴实品格，不搞特殊化、夙夜在公的奉献精神，为后人所传诵。

"中国的布尔什维克"，不跟风不动摇

1911年，当武昌起义的枪声响起之际，青年刘伯承毅然选择了从军之路。他于次年考入重庆蜀军政府开办的将校学堂，毕业后到川军第5师熊克武部任职。由于足智多谋、作战勇敢，他很快在军中崭露头角，成长为颇负盛名的"川中名将"，以"深思断行，独立处世"而著称。

1923年9月，刘伯承在参加讨伐北洋军阀吴佩孚的战争中右腿负重伤。在成都疗伤期间，他得以静下心来读书和思考。回首12年的戎马生涯，历经辛亥革命、护国战争、护法战争，虽立精忠报国之志，经九死一生苦战，却仍旧改变不了军阀混战、民不聊生的现状。刘伯承感到报国无门、救民无方，甚是苦恼。就在刘伯承苦闷彷徨时，邂逅了老友吴玉章，在其介绍下又认识了杨闇公。吴玉章和杨闇公是早期的共产主义活动家，当时正在成都筹备建立中国青年共产党。他们诚挚邀请刘伯承加入进来，共同致力于社会革命。令吴、杨二人没想到的是，他们的好意被刘伯承婉言拒绝了。刘伯承说："见旗帜就拜倒，觉得太不对了。因我对于各派都没有十分的研究，正拟极力研究，将来始能定其方道。"接下来的日子里，他除了将各种主义、学说进行对比外，还随吴玉章到北京、上海、广州等地实地考察共产主义运动。在北京与中共北方局负责人赵世炎长谈，在上海亲历共产党领导的"五卅"运动，在广州目睹省港大罢工……两年多的求索，一路的所见所闻，让刘伯承深切地认识到只有中国共产党才能拯救中国，于是于1926年5月毅然加入中国共产党，踏上了新的革命征程。

刘伯承入党后，终其一生都保持着当初参加革命的理想。50岁那年，他在所作的《自铭》中说："如果我一旦死了，能在我的墓碑上题上'中国布尔什维克刘伯承之墓'十二个字，那就是我最大的光荣。"

甘当普通革命军人，不居功不图名

几十年的革命生涯中，面对自己率领部队打下的一个又一个的胜仗、立下的一个又一个战功，刘伯承始终保持谦虚谨慎的态度，从不邀功请赏，更不居功自傲。

解放战争初期，国民党郑州绥靖公署调集三路大军，分别向嘉祥、巨野、濮阳进攻，企图围歼晋冀鲁豫野战军于鲁西南地区。刘邓率领晋冀鲁豫野战军依据避强击弱原则，立即向濮阳转移。转移途中，获悉国民党军一部由菏泽向鄄城孤军冒进，刘伯承遂当机立断，发起并亲自指挥了鄄城战役，在鄄城以南地区歼敌9 000余人。他随后又指挥了历时4天的滑县战役，歼灭国民党军第104旅、保安第12纵队全部及第125旅大部共11 800人，彻底粉碎了蒋介石欲打通平汉线占领邯郸的美梦。但在总结这两次战役的成功经验时，刘伯承反复强调："我们的胜利是在党中央、毛主席的英明领导下取得的……我们正是因为坚决执行了党中央、毛主席的指示，才取得了消灭敌人四个半旅的胜利。"这充分显示了刘伯承淡泊名利的高尚境界。

刘伯承用兵如神、屡战屡胜的故事，在中原大地不胫而走。1947年6月8日，晋冀鲁豫野战军在安阳召开了庆功大会，解放区党政军群各界派出代表送给刘伯承一面绣有"常胜将军"四个大字的横匾。刘伯承婉言谢绝了这块横匾，谦虚地说："说我是常胜将军，我不敢当。不会是常胜，多数胜就不错了。在毛主席、朱总司令的领导下，在后方人民的帮助下，我们尽了自己的责任，我只是人民的勤务员。是党的功、人民的功，我不敢'贪天之功'，没有人民给吃、给穿，军队就不能打仗。"

20世纪50年代初期，苏联编写《大百科全书》，在"刘伯承"条目下这样写道："刘伯承，四川开县人，革命军事家……"当有关部门拿着初稿去征询刘伯承的意见时，他拿起笔，毫不犹豫地把"革命军事家"改成"革命军人"。刘伯承说："不要说自己是军事家，我们都是在毛主席军事思想指导之下，才打了胜仗的，是靠了许多革命军人英勇奋斗才取得胜利的。我只是一个普通的革命军人。"

主动请缨创办军校，不揽权不恋位

刘伯承受人钦佩和爱戴，不仅因为他在战场上神机妙算、战功卓著，而且因为他不揽权、不恋位，扑下身子做实事，为我军的正规化建设做出了突出贡献。

刘伯承毕业于苏联伏龙芝军校，是"科班出身"的元帅，一直关注部队军事人才的培养和正规化建设。他在红军时期就担任过红军大学的校长，1946年又在频繁的战事间隙，补译、校订《合同战术》一书，思考我军现代化、正规化建设问题。1950年6月，在得知中央军委决定建设陆军大学的消息后，刘伯承基于"建军必建校""治军必先治校"的认识，主动给中央写信，言辞恳切地要求辞去西南军政委员会主席和第二野战军司令员的职务，自告奋勇去办军校。毛泽东被他的真诚所感动，同意了他的请求。就这样，刘伯承担负起了创建中国人民解放军军事学院的重任。

为完成好中央军委赋予办学的光荣任务，花甲之年的刘伯承以"昼夜不息"的精神，带头学习，勤奋工作，制军语、译外文、校条令、写教材、上大课。在刘伯承的不懈努力下,军事学院的专业设置和课程建设日臻完善,使刚从战场上成长起来的"泥腿子"将军得到了正规军事课程的淬炼,为新生的共和国培养了一批又一批既有实战经验又富理论素养的德才兼备的高、中级指挥员和参谋人员,为我军的革命化、现代化、正规化建设做出了重要贡献。

——《学习时报》,李学军,http://www.studytimes.cn/ZYDX/JSGF/2018-04-25/12599.html,2018-04-25

【思考讨论】

刘伯承元帅是个怎样的人?我们应该向他学习什么?

【案例点评】

刘伯承元帅在义与利、得与失、奉献与索取的人生天平上,学为人师,行为世范,时时处处闪耀着中国革命道德的光辉。在解放战争战局胶着的最艰难时期,为了全局的胜利,刘邓大军甘冒艰难险阻,远离后方根据地,强渡黄河,插入敌后,千里挺进大别山,打开了解放战争的新局面,揭开了战略反攻的序幕,为解放战争的胜利做出了重大贡献。毛泽东同志评价:"有损失不得了,但打开了大局面,了不得!"在我党我军的历史上,有许许多多在牺牲面前不退缩、困难面前不退缩、考验面前不退缩的威武之士,当党和国家给他们的牺牲奉献以些许回报,让他们享受一些本该享受的待遇和利益时,他们却"退缩"了、谢绝了,因为他们心中始终装着人民群众,始终认为自己是人民的儿子。战争年代他们与群众共患难,和平岁月他们与人民同甘苦,始终保持同人民群众的血肉联系,不搞特殊化,不脱离群众。这就是老一辈革命家的群众观念,这就是他们的义利抉择,这就是他们的表率示范。

【教学建议】

中国革命道德内容丰富、历久弥新。红船精神、井冈山精神、苏区精神、长征精神、延安精神、西柏坡精神等红色精神中蕴含的革命道德,都是中国共产党领导全体人民实现民族独立、人民解放的精神支撑和思想武器,对于我们走好新时代的长征路,实现中华民族伟大复兴仍然具有极其重要的现实意义。

大学生发扬革命道德、传承红色基因,就要深入了解中国社会和中国革命的历史,了解中国共产党人带领广大人民群众进行革命斗争的艰苦实践,真正体会中国革命道德的本质内涵、历史意义和当代价值,自觉同各种歪曲历史、诋毁英雄的历史虚无主义思潮做斗争,努力在坚持和发展中国特色社会主义伟大进程中创造无愧于时代、无愧于人民、无愧于先辈的业绩。

案例三 黎明出发,点亮万家——"蓝领创客"张黎明的电力抢修人生

【案例呈现】

黎明,总是给人以憧憬和希望。在国网天津市电力公司,张黎明就是这样一个给人希

望、值得信赖的人。

踏上工作岗位至今，张黎明扎根电力抢修一线31年，从一名普通工人，成长为行业里响当当的电力"蓝领创客"。经他手开展的技术革新多达400余项。他还投入满腔热情，常年义务帮扶身边群众，点亮万家灯火。作为知识型、技能型、创新型新时代产业工人的典型代表，张黎明在看似平凡中彰显出一名共产党员的先进本色。

创新让工作更快乐

作为国网天津滨海供电公司配电抢修班班长，张黎明是同事眼中的能人。他对岗位的执着、对技术创新的挚爱，超出了大多数人的想象。

做好电力故障抢修，首先要做的就是熟悉线路。工作之初，张黎明下班后怀揣着笔记本，沿电力线路边走边记，熟悉周边环境。

简单的事情重复做，重复的事情用心做。多年下来，陪伴他熟悉线路的交通工具从老式自行车到电动自行车再到抢修汽车。在长期抢修实践中，他巡线8万多公里，亲手绘制抢修线路图1500多张，练就了一手事故诊断的绝活：根据停电范围、故障周边环境、线路设备健康状况等，能迅速判断出事故的基本性质、大概位置，甚至能准确点出故障成因，这为高效完成抢修任务赢得了宝贵时间。大家因此送给他"活地图"的绰号。

"工作是快乐的。创新让工作更快乐。"张黎明常把这句话挂在嘴边勉励同事、徒弟们。

他和同事们反复试验发明的"可摘取式低压刀闸"，将线路变压器发生保险片短路烧毁故障的抢修时间，从过去约45分钟一下子缩短至8分钟。如今，这项发明获得了国家专利并得到广泛推广，仅这一项小革新每年就可创造经济效益300多万元。

2011年，以张黎明名字命名的"张黎明创新工作室"应运而生，这是国网天津市电力公司的第一个职工创新工作室。工作室成立以来，张黎明带领同事们开展技术革新400余项，获得国家专利140余个，20多项成果填补了智能电网建设空白。

"张黎明创新工作室"还孵化出"星空""蒲公英"等8个创新工作坊，培养出一批"蓝领创客"，创造了大效益。

同事张可佳说，张黎明在创新上的勤奋是由于发自内心对工作的热情。"以前以为，创新是实验室科技人员的工作，没想到一线创新也大有可为。"

居民眼里的小事，想到还要做到

电与老百姓的生活休戚相关，张黎明始终惦记着老百姓的用电需要。除了抢修班班长，他还有一个特殊的"头衔"——滨海黎明共产党员服务队队长。

去年4月12日，滨海新区新开里社区按事先通知，安排实施计划停电检修。可就在断电前，滨海黎明共产党员服务队突然接到社区居民范阿姨哭着打来的电话：她96岁的老母亲瘫痪在床，靠呼吸机维持生命，断电随时有生命危险。

"人命关天，跟我走！"张黎明叫上队员带上发电机火速出发。在现场，他们架设起20米长的入户供电线路，实施了持续11个小时的特殊供电服务。制氧机咕噜噜运转起来，老奶奶的呼吸恢复均匀，范阿姨笑着流下眼泪……

"很多居民眼里的小事，我们看到了想不到，师傅看到想到了，还一定要做到。"张黎明的徒弟张雨禾这样评价他。

张黎明和队员们主动印制了一些卡片发放到社区，创建微信平台，与11个社区150多位老弱孤残人士长期建立爱心服务联系。

最近，他到老旧小区抢修及看望孤寡老人时，发现小区楼道大多又黑又暗，出行很不方便。他毫不犹豫地将滨海新区发放给自己的一万元文明个人奖金悉数捐出，成立"黎明·善小"微基金，用来购买节能 LED 灯泡。经过协调各居委会，服务队员们义务安装好节能灯泡，将老旧小区的楼道点亮。截至目前，服务队累计对 600 多层老楼楼道进行改造换灯，近 2 000 户居民从中受益。

积善成德，而神明自得。张黎明在志愿服务的道路上累并快乐着，并乐此不疲。

"实诚人"的"底色"

在同事眼中，张黎明不仅是个勤于学技术、精于干专业的技术工，更是一个办事认真敬业、值得信任的"实诚人"。

拿线路巡查来说，这是个良心活儿，如果投机取巧、半路偷懒，没人看得见瞧得出，除非将来线路发生事故。

一年冬天，有位同事因家中有急事请假，张黎明主动替他去巡查沿线 77 根电线杆。在寒风中，夜间巡线异常辛苦。张黎明蹬着自行车一不小心掉进水渠中，冰水将他的棉裤浸透。线路尚未巡完，怎么办？上岸后，张黎明没有打退堂鼓，忍着逐渐结冰的棉裤散发出的刺骨寒气，跨上自行车，硬是将整条线路逐段不落巡查完才回家换衣服。

有人问他为什么这么犟，可他憨憨地回上一句："要是不巡完，我就不放心。"这种"不放心"的执着和不知变通的"傻"，正是张黎明难能可贵的"底色"。

他从抢修设备中琢磨，将遇到的近万个故障进行总结分析，用录音、视频等多种方式向身边的员工传授。他还将其中常用的 11 个抢修小经验、8 大抢修技巧、9 个经典案例印成《抢修百宝书》，遇到故障，大家可以像"查字典"一样按图索骥，效率成倍提升。

"跟着黎明师傅觉得挺幸运的。"张雨未说，张黎明带徒弟从来都是毫无保留地传授技巧，用他的话说是"掰开了揉碎了"讲，生怕徒弟们听不懂。

这么多年过去了，当初的"实诚人"成了行业闻名的"蓝领创客"。他的徒弟们也沿着他的脚步，成了各专业的领军人才。但徒弟们多多少少都有一个相似的特点，那就是责任心重，也许"根"就在黎明所做的那些"傻事"里。

——新华网，毛振华，http：//www.xinhuanet.com/2018－05/23/c_1122875750.htm，2018－05－23

【思考讨论】

为什么张黎明能够从踏上工作岗位至今，扎根电力抢修一线 30 多年，从一名普通工人，成长为行业里响当当的电力"蓝领创客"，成为知识型、技能型、创新型新时代产业工人的典型代表？

【案例点评】

张黎明能在平凡的岗位上 30 多年坚守如初，是因为他始终不忘的初心，他说"一想到能通过我的双手，为千家万户送上光明、送上欢乐，我的心就像蘸了蜜一样甜，无论之前受了多少苦、挨了多少累，心里都只有一个字：值！"我们应该像张黎明那样，不忘初心，热爱工作，在平凡的岗位上，做出不平凡的贡献。

敢于创新，是张黎明在工作上的醒目标签。2011 年，以张黎明名字命名的"张黎明创新工作室"应运而生,创新孵化基地、创新工作室和班组创新工作坊的"三级联动"机制应运而生。这些年来,张黎明从一名普通蓝领工人,成长为响当当的创新先锋,堪称新时代的蓝领发明家。创新要不怕小,只要能解决实际工作中的问题。创新还要不怕大,要敢想敢干,不怕失败。

爱岗忠诚,是张黎明对待工作一贯的态度。张黎明坚信"工作着是快乐的""把工作干出彩就是对党最大的忠诚"。站在新时代的起点,张黎明始终坚守抢修一线,坚持务实的工作作风,以便捷的服务和精湛的技术展现了当代产业工人的时代风采。

【教学建议】

张黎明,一名优秀的共产党员,在平凡的岗位上甘于奉献,模范践行全心全意为人民服务的根本宗旨,带领黎明共产党员服务队,十年如一日开展学雷锋志愿服务,用爱心搭起了企业与群众的"连心桥"。他用实际行动生动诠释了习近平总书记"劳动最光荣、劳动最崇高、劳动最伟大、劳动最美丽"的重要思想,谱写了新时代的劳动者之歌。他是我们新时代的标杆,我们学习的时代楷模。

学习张黎明不忘初心、忠于梦想的职业道德。始终脚踏实地,心怀梦想。克服在实际工作中遇到的层层阻碍,初心不改,从技校毕业生到技能专家,从普通工人到全国劳模,他用自己的实际行动,在平凡的岗位上一步步实现了自己的人生价值,实现了他筑梦、逐梦的理想。

案例四 大爱无言润天山——走近武警新疆总队医院院长庄仕华

【案例呈现】

作为军医,阵地就是手术台——

"多做一台手术,就能多为一个患者解除痛苦,这是最想干、最幸福的事情"

"呼吸骤停!""心脏停跳!"

2012年12月12日,武警新疆总队医院肝胆外科中心氛围异常紧张,病人家属焦虑地在楼道内走来走去。手术台上,肝胆外科专家紧盯着心跳显示屏。主刀的庄仕华却异常镇定。5个多小时的手术中,庄仕华和医护人员先后化解了呼吸骤停、心脏停跳等险情,手术成功时,庄仕华脚上的布鞋已被汗水打湿。

这是庄仕华带领团队创造12万例手术无一失败的纪录后,又一次直面医学上的挑战。

12万例手术无一失误、300多例疑难杂症手术全部成功、137个奖杯和功勋章,从一名普通卫生员成长为一名将军医生,在每个岗位上,庄仕华都创造了不平凡的业绩。

在庄仕华的手术记录中,上有102岁的老人,下有1岁多的孩童。每天,他就像上紧发条的钟摆,不知疲倦。他常说,多做一台手术,就能多为一个患者解除痛苦,这是他最想干的事情。

在他的心里,病人永远是第一位的。2009年7月6日,庄仕华被授予武警专业技术少将警衔。授衔仪式一结束,庄仕华就直奔机场飞回乌鲁木齐。8个小时后,他出现在了医院手术室。那一夜，他为 15 名各族群众成功实施了手术。

担任院长后，不管院务工作多么繁重，庄仕华都坚持每天用 3 个多小时逐个查一次病房，用 4~6 个小时给病人做手术。在他的带领下，医院肝胆科从过去一间病房 4 张床位，发展到 80 间病房 260 张床位，成为新疆和武警部队肝胆外科中心，连续 20 年被评为先进科室，2 次荣立集体二等功。

从结对帮困到爱的传递——
39 年来，没有收过病人一个红包，却收获了 12 608 面锦旗

走进总队医院肝胆外科中心，满眼是鲜红的锦旗，从墙裙到屋顶，从楼梯口到楼层两端，全部盖得满满当当。医务处主任于晓萍告诉记者，截至春节前，中心已收到 12 608 面锦旗。因为空间问题，我们所见的只有不到 2 000 面。

这些，也是记者见过的最为丰富的锦旗：藏语的、蒙古语的、维吾尔语的、英汉双语的，记者读不出全部含义，却能体会到每一面旗帜饱含的深情——

一位老人出院后想给庄仕华做双鞋，庄仕华死活不让，也不告诉她自己的鞋码。老人最后只能故意在地上洒水，才留下了院长的鞋印；

一位病患在武警新疆总队医院离世，送走老人之后，老人的女儿偷偷躲在卫生间里哭——怕在外面哭被别人看到了，会被误以为是医院看病不好。

与庄仕华同事 30 年的军人病区主任冯晓芸记得，1984 年刚当外科医生时，工资才 40 多元，那时庄仕华就时不时为贫困患者垫付挂号费、住院费。"换作是我，一次两次可以，长期坚持可能做不到，但庄院长一做就是几十年。"冯晓芸说。

从为病人捐款捐物，到万里巡诊；从冒着生命危险救治特殊病人，到前往处突一线诊治受伤群众。39 年来，庄仕华没有收过病人一个红包，而付出却不计其数：为了救助贫困患者，他悄悄垫付手术费，或带头捐款，他和同事累计捐助了 80 多万元；为了给塔吉克族群众送医送药，他在帕米尔高原被暴风雪围困四天三夜；为了给农牧民看病，他在果子沟险些被泥石流吞噬生命……

庄仕华说："我出生在四川的贫穷山区，从上小学到高中的学费全是政府减免，书本费、生活费是 3 位老师资助的。入伍后，又是部队送我上了大学。要知恩、感恩、报恩！"

以爱传递爱，爱的影响最深远。30 多年来，庄仕华先后帮助 560 名贫困患者过上幸福生活。接受过庄仕华帮助的人，都被他深深感动。

2009 年 7 月 7 日，乌鲁木齐市萨尔达坂乡大泉村 100 多名村民受人蒙骗，企图上街闹事。紧急关头，庄仕华常年帮助的帕塔木汗老人，用维语写下"严厉声讨犯罪分子的暴力行为，坚决听党话、跟党走"的倡议书，带着家人走街串巷，挨家挨户劝说村民不要非法集会，及时化解了矛盾。

从"庄一刀"到百姓信赖的"爱心团队"——
留下不走的"雷锋服务站"，才能为各族群众带来健康的曙光

几年前的一天，一名少数民族患者来到医院，指名道姓要找"庄一刀"，其他医生免谈。当时庄仕华出差在外，等他返回时，患者已等了 5 天。

那晚，庄仕华辗转难眠。病人所以冲"庄一刀"来，是高度信任。然而"庄一刀"毕竟是"一把刀"，如果把肝胆外科医生全变成"庄一刀"，病人就不用等待了；如果把医院变成"爱心团队"，就能为更多的患者解除病痛。

在庄仕华的带领下，医院发生了翻天覆地的变化。先后培养出刘中齐、茹荷燕、陆海琴等6名独当一面的肝胆外科医生，医院从过去14个科室、300张床位，发展到35个科室、760张床位，先后创新和引进永久性起搏器安装、脏器移植等百余项新技术。

从2007年开始，庄仕华在院内全面推行"亲情服务"。每间病房安装有电视、电话，配备热水器和微波炉；病人的大小便监测标本，均有护士送检；对重病患者，护士每天都要打热水替他们洗脚，医院把爱心服务的工作延伸到每一个细节。

新疆地广人稀，不少农牧民居住在偏远的乡村。庄仕华每年都要抽出一两个月时间，带着医疗小分队穿戈壁、进大漠、上高原，为偏远乡镇的农牧民送医送药。巡诊路上，庄仕华看到不少民族群众因病致穷，因穷致命。他深知，只有留下不走的"雷锋服务站"，才能为各族群众带来健康的曙光。

沙湾县医院医疗技术条件落后，农牧民治疗胆结石病要走几百公里路。庄仕华得知这一情况，一年4次到沙湾县医院现场传授技术，培养了3名腹腔镜专科医生，10余名医护人员。如今，沙湾县医院平均每年能治愈600多名胆结石患者。

"带出一个好医生，就等于建设一所好医院，比自己做一万台手术都管用。"庄仕华说，"我的技术，是数万患者生命相托练就的。我希望把它传给更多的人，希望它能回报更多的患者。"

——中国文明网综合，http://www.wenming.cn/xj_pd/xjdx/201302/t20130226_1085463.shtml，2013-03-05

【思考讨论】

新时期大学生如何弘扬"无私奉献"的精神？

【案例点评】

把军人的忠诚和医生的天职，刻在心里，见诸行动——庄仕华，一个普通共产党员，用扎根边疆建功立业的坚守与付出，感动了天山，感动了华夏！

他是一名优秀的医务工作者，所以始终以强烈的白衣天使事业心、救死扶伤的责任感和爱岗敬业的专业态度，立足本职工作，刻苦钻研医术，热心服务患者，努力在本职岗位为边疆各族民众获得健康幸福。庄仕华无私无畏的奉献精神，荡涤着物欲横流的污泥浊水，为当今社会树立起和谐医患的醒目标杆。

【教学建议】

奉献精神是指个人与他人、集体、国家之间存在的一种纯洁高尚的道德义务关系，是评价人生价值的基本标准之一。通俗意义上讲，奉献精神是一种爱和责任，是自愿地为社会、集体、他人服务以及做出贡献的行为表现。从这个层面上来说，奉献精神并不是高不可攀的，相反的，它可以是生活中一个小小的举动。当你在拥挤的公交上给一位老奶奶让座；当你关紧正在滴水的水龙头；当你捡起地上的一片纸屑并把它扔进垃圾桶里，这些看似微不足道的事情其实就是奉献精神。而大学生作为新一代的接班人和综合素质较高的一个群体，更应该做实践奉献精神的表率。

 视频资料

(1) 观看第五章其他案例"56年的爱情 6千步的长度 爱情天梯"视频,请扫描此二维码。

(2) 观看第五章其他案例"相声《社会公德》"视频请扫描此二维码。

 考考你

一、单项选择(请将正确答案的字母填写在括号内)

1. 作为中国人,在祖国还不够富裕的时候不妄自菲薄,在强国大国的压力面前不奴颜婢膝,面对金钱地位的诱惑不做丧失国格人格的事情,面对侵略者的武力威胁不屈膝投降。这是爱国主义情感中( )。

A. 民族自豪的体现 B. 民族自尊的体现
C. 民族自立的体现 D. 民族自省的体现

2. 公共生活是人们在公共的领域、公有的环境、公用的场所中,彼此开放透明且互相关联的共同活动。下列选项中,反映了现代社会公共生活状况的是( )。

A. 分散经营、彼此独立 B. 相互交往、相互依赖
C. 自给自足、自娱自乐 D. 鸡犬之声相闻,老死不相往来

3. 爱国主义是一个历史范畴,在不同的历史时代和文化背景下具有不同的内涵。在我国现阶段,爱国主义的主题是( )。

A. 弘扬和培育时代精神 B. 积极参与经济全球化
C. 继承中华民族优秀传统文化 D. 建设和发展中国特色社会主义

4. 一个人的社会存在是通过他的( )来决定他的社会意识的。

A. 社会实践 B. 社会认识 C. 社会情感 D. 社会习惯

5. 一个人的道德品质的培养途径不包括( )。

A. 提高道德认识 B. 开展道德宣传 C. 陶冶道德感情 D. 锻炼道德意志

6. 下列选项中，不属于现代社会个人品德修养的正确途径的为（　　）。
   A. 坐而论道　　　　B. 提高道德认识　　　C. 完善道德品质　　　D. 加强道德行为训练
7. 提出"搞社会主义精神文明，主要是使我们的各族人民都成为有理想、讲道德、有文化、守纪律的人民"的是（　　）。
   A. 毛泽东　　　　　B. 周恩来　　　　　　C. 邓小平　　　　　　D. 江泽民
8. 在国内外形势深刻变化和科技革命深入发展的情况下，我们必须坚持总体国家安全观。总体国家安全观的宗旨是人民安全，根本是（　　）。
   A. 信息安全　　　　B. 政治安全　　　　　C. 文化安全　　　　　D. 生态安全
9. 乘车、登机、坐船时主动购票，自觉排队；出行时自觉遵守交通规则，不闯红灯；在图书馆、影剧院不抽烟，不喧哗吵闹。这是人们在社会生活中应当遵循的（　　）。
   A. 社会公德　　　　B. 职业道德　　　　　C. 环境道德　　　　　D. 传统道德
10. 从业人员在职业活动中应该树立为社会、为他人做奉献的职业精神。这是职业道德基本要求中（　　）。
    A. 办事公道的要求　　　　　　　　　　B. 服务群众的要求
    C. 爱岗敬业的要求　　　　　　　　　　D. 奉献社会的要求

二、多项选择（请将正确答案的字母填写在括号内）

1. 社会主义社会公德的主要内容有（　　）。
   A. 文明礼貌、助人为乐　　　　　　　　B. 爱护公物
   C. 保护环境　　　　　　　　　　　　　D. 遵纪守法
2. 在人与人的关系中，社会公德的基本要求表现有（　　）。
   A. 个体举止文明　　　　　　　　　　　B. 遵守公共秩序
   C. 人际交往中自尊和尊重他人　　　　　D. 与他人的交往中诚实守信
3. 社会公德主要包括（　　）等方面的内容。
   A. 人与人之间的关系　　　　　　　　　B. 人与社会的关系
   C. 人与集体之间的关系　　　　　　　　D. 人与自然之间的关系
4. 在人与社会的关系中，社会公德的基本要求有（　　）。
   A. 遵守公共秩序　　B. 维护社会公益　　C. 团结协作　　D. 维护公共安全
5. 人类丰富多彩的社会生活可以划分为以下几个领域，它们包括（　　）。
   A. 个人生活　　　　B. 公共生活　　　　　C. 职业生活　　　　　D. 家庭生活

三、判断对错（在括号内填写答案，正确的填写 T，错误的填写 F）

1. 社会公共生活领域中的社会公德的特点有阶级性。　　　　　　　　　　　（　　）
2. 遵纪守法是社会公德的最基本要求。　　　　　　　　　　　　　　　　　（　　）
3. 法律规范是人类在长期的社会生活中逐渐积累起来的，为社会公共生活所必需的最简单、最起码的公共生活准则。　　　　　　　　　　　　　　　　　　　　（　　）
4. 衡量一个社会文明发展水平的主要标志是生产进步程度。　　　　　　　　（　　）
5. 爱岗敬业、诚实守信、办事公道、服务群众、奉献社会是社会公德的原则要求。
   　　　　　　　　　　　　　　　　　　　　　　　　　　　　　　　　　（　　）

6. 大学生投身崇德向善的道德实践，就要向道德模范学习，培养志愿服务精神，大力弘扬时代新风，强化社会责任意识、规则意识、奉献意识。（ ）

7. 道德模范用自己的行动诠释着道德的内涵，展示着道德的力量。（ ）

8. 强调知行合一也是儒家修身思想的重要特征。（ ）

9. 素质是立身之基，技能是立业之本。（ ）

10. 大学生应当合理安排上网时间，约束上网行为，避免沉迷网络。（ ）

参考答案
一、单项选择 1. B 2. B 3. D 4. A 5. B 6. A 7. C 8. B 9. A 10. D 二、多项选择 1. ABCD 2. ABCD 3. ABD 4. ABC 5. BCD 三、判断对错 1. T 2. T 3. F 4. F 5. F 6. T 7. T 8. T 9. T 10. T

第六章　尊法学法守法用法

箴言选摘

宪法，就是一张写着人民权利的纸。　　　　　　　　　　　　　　　　——列宁

自由是做法律所许可的一切事情的权利。　　　　　　　　　　　　——孟德斯鸠

在民主的国家里，法律就是国王；在专制的国家里，国王就是法律。　　——马克思

"要加强对权力运行的制约和监督，把权力关进制度的笼子里，形成不敢腐的惩戒机制、不能腐的防范机制、不易腐的保障机制。"　　　　　　　　　　　　——习近平

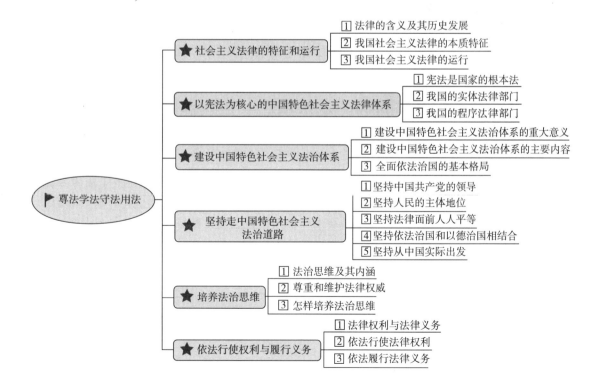

 理论导学

【知识目标】

1. 理解我国宪法规定的公民基本原则与制度、我国社会主义法律的特征与作用、建设中国特色社会主义法治体系的意义和内容。
2. 了解树立社会主义法治观念的基本内容、法治思维的基本含义和特征、尊重法律权威的重要意义。
3. 理解法治思维的基本内容、培养法治思维的途径。
4. 明确尊重法律权威的基本要求。

【能力目标】

1. 学会法治思维,养成自觉依法办事的习惯。
2. 从整体上把握中国特色社会主义法治体系。
3. 树立社会主义法治观念。
4. 提高大学生法律意识。

【素质目标】

1. 树立社会主义法治观念。
2. 培养社会主义法治思维。
3. 尊重社会主义法律权威。
4. 增强建设社会主义法治国家的责任感和使命感。增强法治观念,对法律怀有敬畏之心。

【教学重点】

1. 理解和把握社会主义法治观念的基本内容、法治思维方式的基本内容和培养途径,尊重社会主义法律权威。
2. 理解建设中国特色社会主义法治体系的意义和内容;掌握全面依法治国的基本格局。

【教学难点】

1. 从整体上把握中国特色社会主义法治体系,在实践中培养大学生遵纪守法的习惯和维护法律尊严的责任感。
2. 树立社会主义法治观念,培养社会主义法治思维,尊重社会主义法律权威。

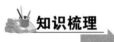 知识梳理

一、社会主义法律的特征和运行

(一)法律的含义及其历史发展

(1)法律的含义:法律是由国家创制和实施的行为规范,由一定的社会物质生活条件

所决定，是统治阶级意志的体现。

（2）法律的历史发展：奴隶制法律、封建制法律、资本主义法律、社会主义法律。

（二）我国社会主义法律的本质特征

（1）我国社会主义法律体现了党的主张和人民意志的统一。

（2）我国社会主义法律具有科学性和先进性。

（3）我国社会主义法律是特色社会主义建设的重要保障。

（三）我国社会主义法律的运行

（1）法律制定。

（2）法律执行。

（3）法律适用。

（4）法律遵守。

二、以宪法为核心的中国特色社会主义法律体系

（一）宪法是国家的根本法

1. 我国宪法的形成和发展历程

1949年，通过了《中国人民政治协商会议共同纲领》，具有临时宪法的作用。

1954年，第一届全国人大第一次会议通过了《中华人民共和国宪法》。

1982年12月，第五届全国人大第五次会议通过了《中华人民共和国宪法》。

1988年、1993年、1999年、2004年全国人大分别对我国宪法个别条款和部分内容做出必要的也是十分重要的修正。

2018年1月，党的十九届二中全会审议通过了《中共中央关于修改宪法部分内容的建议》。

2018年3月，第十三届全国人大第一次会议根据党的十九届二中全会提出的建议，审议通过了《中华人民共和国宪法修正案》。

2. 我国宪法的地位

我国宪法是国家的根本法，是治国安邦的总章程，是党和人民意志的集中体现。

我国宪法是国家各项制度和法律法规的总依据。

我国宪法规定了国家的根本制度。

3. 我国宪法的基本原则

（1）党的领导原则。

（2）人民主权原则。

（3）尊重和保障人权原则。

（4）社会主义法治原则。

（5）民主集中制原则。

4. 我国宪法确立的制度

国体和根本政治制度。

基本政治制度。

基本经济制度。

（二）我国的实体法律部门

(1) 宪法相关法。
(2) 民法商法。
(3) 行政法。
(4) 经济法。
(5) 社会法。
(6) 刑法。

（三）我国的程序法律部门

(1) 诉讼法。
(2) 非诉讼法。

三、建设中国特色社会主义法治体系

（一）建设中国特色社会主义法治体系的重大意义

(1) 中国特色社会主义的本质要求和重要保障。
(2) 推进国家治理体系和治理能力现代化的重要举措。
(3) 全面依法治国的总抓手。

（二）建设中国特色社会主义法治体系的主要内容

(1) 完备的法律规范体系。
(2) 高效的法治实施体系。
(3) 严密的法治监督体系。
(4) 有力的法治保障体系。
(5) 完善的党内法规体系。

（三）全面依法治国的基本格局

(1) 科学立法。
(2) 严格执法。
(3) 公正司法。
(4) 全民守法。

四、坚持走中国特色社会主义法治道路

（一）坚持中国共产党的领导

（二）坚持人民的主体地位

（三）坚持法律面前人人平等

（四）坚持依法治国和以德治国相结合

（1）正确认识法治和德治的地位。
（2）正确认识法治和德治的作用。
（3）正确认识法治和德治的实现途径。
（4）推动法治和德治的相互促进。

（五）坚持从中国实际出发

五、培养法治思维

（一）法治思维及其内涵

1. 法治思维的含义和特征

法治思维是指以法治价值和法治精神为导向，运用法律原则、法律规则、法律方法思考和处理问题的思维模式。

2. 法治思维的基本内容
（1）法律至上。
（2）权力制约。
（3）公平正义。
（4）权利保障。
（5）正当程序。

（二）尊重和维护法律权威

（1）法律权威的含义：是指法律在社会生活中的作用力、影响力和公信力，是法律应有的尊严和生命。
（2）尊重和维护法律权威的重要意义。
一是社会主义法律观念的核心要求和建设社会主义法治国家的前提条件。
二是对于推进国家治理体系和治理能力现代化、实现国家的长治久安极为重要。
三是实现人民意志、维护人民利益、保障人民权利的基本途径。
四是维护个人合法权益的根本保障。
（3）尊重和维护法律权威的基本要求。

①信仰法律。
②遵守法律。
③服从法律。
④维护法律。

（三）怎样培养法治思维

（1）学习法律知识。
（2）掌握法律方法。
（3）参与法律实践。
（4）养成守法习惯。
（5）守住法律底线。

六、依法行使权利与履行义务

（一）法律权利与法律义务

（1）法律权利的含义和特征。
（2）法律义务的含义与特征。
（3）法律权利与法律义务的关系。

（二）依法行使法律权利

1. 我国宪法、法律规定的基本权利
2. 行使法律权利的界限
（1）权利行使的目的。
（2）权利行使的限度。
（3）权利行使的方式。
（4）权利行使的程序。

（三）依法履行法律义务

（1）公民应履行的基本法律义务。
（2）违反法定义务应当承担的法律责任。

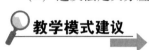

教学模式建议

本章教学方式为理论教学与实践教学，学时是 6、积分为 9。其中理论教学学时为 4、积分为 6，实践教学学时为 2、积分为 3。实践教学要求教师提前 3 周设计教学活动及面向广大学生下发活动方案、任务书。

实践指南

项目一 "法律伴我行" 手抄报大赛

【实践性质】 校内实践。

【实践目的】 通过开展以"法律伴我行"为主题的手抄报比赛及展览活动,让学生明确加强法律修养的重要意义,树立"以遵纪守法为荣,以违法乱纪为耻"的观念。增强广大学生保障自身的合法权益的意识,做一个懂法、守法、用法的现代法治社会下的好公民。

【实践学时】 2学时。

【实践步骤及要求】

(1) 教师结合教材讲解、明确本项目活动的目的、意义及要求。

(2) 以学生学习小组为单位分别收集整理法律常识或相关资料并绘制手抄报。

(3) 在班级评选出优秀作品参加全院比赛。

(4) 由学委负责安排学生制作展板,展出获奖作品。

项目二 "法与人生" 报告会

【实践性质】 校内实践。

【实践目的】 通过系列参观、报告实践活动使学生懂得没有纪律的规范、失去法度的控制,各项秩序就无从保证,人们生存、发展的环境就会遭到破坏,人民群众不可能安居乐业。作为公民,我们应该懂得遵纪守法的重要性和必要性,真正懂得法律的权威,从而自觉做到明纪、知法、守法。

【实践学时】 2学时。

【实践步骤及要求】

(1) 利用双休日组织学生参观监狱或旁听有关刑事、民事、经济、行政案件的审判过程。

(2) 聘请法律方面专家、办案人员或正在服刑人员来校做"法与人生"报告会。

(3) 要求学生根据参观及报告内容写一份1 000字左右的心得。

项目三 法律知识竞赛

【实践性质】 校内实践。

【实践目的】 通过本次活动,使学生明确我国"依法治国"的基本方针和公平正义的法治精神,掌握相关的法律知识,树立社会主义法治观念,增强法律修养和思辨能力。

【实践学时】 2学时。

【实践步骤及要求】

（1）结合课堂理论专题内容的学习，布置学生全员参与查阅法律相关资料，整理、思考、归纳、总结。

（2）以班为单位参加分院举行的法律知识竞赛。

（3）以班为单位上交知识竞赛活动总结。

附：法律知识竞赛活动方案

为深入学习宣传贯彻党的十九大精神，促进学生知法守法，加强大学生法律教育，学院决定开展法律知识竞赛活动，具体方案如下。

一、指导思想

高举习近平新时代中国特色社会主义思想伟大旗帜，增强学生知法守法意识，增强我校思想政治教育工作针对性、时效性、创新性，充分发挥高校思想政治教育主阵地作用。

二、活动主题

本次活动以"新时代——我们与法同行"为主题，面向大一新生举行大学生法律知识竞赛活动。

三、活动对象

我院全体秋季新生。（注：以团队为单位）

四、活动要求（暂定）

本次活动以笔试答卷为表现形式，我院全体秋季新生以团队为单位，必须参加。

（1）竞赛内容为法律知识。

（2）答题时间为随堂一次大课，总分为100分。

（3）统一用黑色碳素笔答卷。

（4）每个行政大班在竞赛前40分钟由任课教师到思政部抽取试卷，所抽取试卷其他班级不得再次使用。

（5）每个学生在活动结束后上交任务书（表6-1）。

表6-1 师生合作共同体之法律知识竞赛任务书

分院：　　班级：　　专业：　　姓名：　　学号：　　导员：　　电话：

活动名称	法律知识竞赛	活动负责项目	
活动过程简介			

续表

参与 收获	

五、竞赛考核标准

（1）学生按规定位置就座，不得随意变动。

（2）可以查阅资料。

（3）不准偷看、抄袭或有意让他人抄袭，不准接传答案或者交换答卷；不准交头接耳、左顾右盼。

（4）考场内必须保持安静，考试时严格遵守考试时间，考试中途不得离开考场，考试结束时方可交卷，不得提前交卷。

（5）竞赛期间学生要认真做好环境卫生，不乱丢乱抛废纸，保持好考场环境卫生。

（6）特别强调：对不听从劝阻扰乱考场秩序的行为，教师有权责令违纪者离开考场，取消其考试资格。成绩记为无效，并按有关规定给予纪律处分。

（7）此次竞赛成绩记入实践成绩。

六、活动流程

1. 活动布置

时间：根据教学进程另行安排。

形式及内容：各班级思政教师在课堂进行通知并委派此项活动负责人。

2. 竞赛阶段

时间：根据教学进程另行安排。

形式及内容：随本周课堂举行。

3. 活动考核标准

各班级思政教师要本着公平、公正、公开的原则，对试卷进行打分并录入实践成绩。凡是按要求完成任务的团队均给予满分2积分。不参与活动的学生给予0积分。

七、活动纪律

学生错过时间，视为放弃，实践成绩为零分。

教师纪律：遵守公正、公平、公开原则进行评判。

八、工作要求

所有思政教师要对此次活动高度重视,精心组织,积极支持与鼓励学生完成作品。

项目四 "模拟法庭"

【实践性质】 校内实践。

【实践目的】 通过举办"模拟法庭"活动,使学生在参与体验中理解法庭审理的基本程序,深化对法治思维方式的含义和基本特征的理解,培养维护社会主义法律权威的意识和进一步学习法律知识的兴趣,锻炼组织能力、分析能力和表达能力。

【实践学时】 2学时。

【实践步骤及要求】

(1) 教师对模拟法庭活动的目的意义、基本要求、注意事项进行说明。

(2) 剧本编写。师生共同选择模拟审判的案例,教师指导学生编写模拟法庭的详细剧本。

(3) 角色分配。学生分角色扮演审判长、陪审员、书记员、辩护律师、原告、被告等。每个角色分头准备自己的台词、文件和证据资料。

(4) 场景布置。对教室内桌椅进行适当调整,使其基本格局与法庭相一致,在审判长、书记员、原告、被告座位处摆放相应桌签。

(5) 学生按照事先编写的模拟法庭剧本开展各项活动,并进行活动体验分享,教师进行总结讲评。

(6) 要求每位学生回顾庭审全过程,撰写800字的活动总结。

(7) 模拟法庭全过程录像,活动结束后进行剪辑,作为教学视频资料。

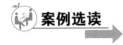 案例选读

案例一 从薄熙来案看我国司法公正

【案例呈现】

2013年8月22日,济南市中级人民法院一审公开开庭审理被告人薄熙来受贿、贪污、滥用职权案,薄熙来出庭受审。本案引发了国人的集体关注。案件在审理过程中首次引入了微博直播的方式,济南中院采用文字、图片相结合的方式,及时、充分、客观、准确地披露庭审重要信息。济南中院官方微博最初的粉丝仅为9万个左右,庭审两天后已经超过45万个,足以看出人们对此案的关注热情。公开审理薄熙来案,微博直播庭审过程,彰显了法治精神,实现了审判活动应有的程序正义与实体正义。《中华人民共和国宪法》第一百三十条

规定:"人民法院审理案件,除法律规定的特别情况外,一律公开进行。被告人有权获得辩护。"我国《刑事诉讼法》第十一条也规定:"人民法院审判案件,除本法另有规定的以外,一律公开进行。"由此可见,公开审判是法律的应有之义。

公审薄熙来案,一方面有利于保障庭审现场各方的利益。在社会监督下,有利于辩护人合法行使辩护权利,有利于被告人合法保障自身权益,同时也可以督促公诉方及审判人员正确行使公诉权和审判权。这样的审判是正义的,是经得起历史考验的。

【思考讨论】

公审薄熙来案,从哪些方面彰显了法治精神?请你运用所学法律知识谈谈个人认识和看法。

【案例点评】

一方面,公开审理薄熙来案,通过微博直播庭审过程,彰显了法治精神,实现了审判活动应有的程序正义与实体正义。公开审判是诉讼制度文明进步的表现,同时对于社会发展和司法进步有着积极、深远的影响。建设社会主义法治国家的前提条件就是要树立和维护法律权威,司法是保障法律权威的重要机构。司法公信力直接影响着法律是否有权威。另一方面,公审薄熙来案,是一节生动的法律课。人们在关注庭审过程中认识到了法律程序、法律规定等知识,极大地增强了民众的法律信仰,有利于法律知识的普及与推广。

【教学建议】

第一,本案例可用于本章第五节的教学和"参与法律实践"部分的教学。

第二,本案例之所以典型,一是涉案人物特殊:执政党高级领导、红二代;二是审判公开进行;三是案件在审理过程中首次引入了微博直播的方式,采用现代先进科技平台。

第三,讲述本案例限于法律层面的解读,不宜做其他评论。

案例二 药家鑫案

【案例呈现】

2010年10月20日23时许,被告人药家鑫自驾小轿车从西安外国语大学长安校区返回西安,当行驶至西北大学长安校区西围墙外时,撞上前同向骑电动车的张妙,后药家鑫下车查看,发现张妙倒地呻吟,因怕张妙看到其车牌号,以后找麻烦,便产生杀人灭口之恶念,遂对倒地的被害人张妙连捅数刀,致张妙当场死亡。杀人后,被告人药家鑫驾车逃离现场,当车行至翰林路郭南村口时再次将两行人撞伤,逃逸时被附近群众抓获,后被公安机关释放。2010年10月23日,被告人药家鑫在其父母陪同下到公安机关投案。陕西省西安市中级人民法院判处被告人药家鑫犯故意杀人罪,判处死刑,剥夺政治权利终身。

有数据表明,网友的民间道德谴责舆论空前激发,呈现出群情激愤的态势,在腾讯网组织的"你认为药家鑫是否应判死刑"的调查中认为"该判死刑"的人数为159 388人,支持比例为96%，8 198名投票网友认为"不该判死刑"，反对比例仅为4%。

庭审现场500名旁听公民收到了一份特殊的问卷，问题包括"您认为对药家鑫应处以何种刑罚"等。"庭审前向旁听公民征求量刑意见，以前中院也做过，这次是中院发放调查问卷数量最多的一次。"西安市中院一位法官称，鉴于药家鑫案影响重大，受到舆论积极关注，法庭希望通过这种形式，听取不同意见，确保判决更加公正。

【思考讨论】

请运用所学法律知识，谈谈你对药家鑫交通肇事后故意杀人被判处死刑有何看法？这对正在求学的你有何启示？

【案例点评】

本案例的特点是：第一，大学生交通肇事后故意杀人；第二，社会舆论繁荣、社会监督无序；第三，社会舆论干涉司法。药家鑫肇事后又杀人，这是事实。但故意杀人罪有四种量刑标准。为什么药家鑫被判处死刑？如上面呈现材料里所说，这里面有社会舆论对司法的强大影响作用。当个案演变为公共事件，司法便难逃受舆论关注的命运。问卷调查作为量刑参考，这显然是要为将来的判决寻找正当化依据，这种投石问路的做法旨在以民意作为分散压力的手段。网上舆论监督有利于促进司法公正，保护公民的知情权，遏制司法腐败，这些是积极作用；但网络媒体也有一些问题，监督无序，有些信息失实、恶意炒作、误导他人，甚至存在网络审判，影响正常的司法审判。因此要坚持法律至上、维护法律权威、敢于同各种违法犯罪行为做斗争。

上面这则案例给在校大学生以重要启示：树立社会主义法治观念，加强社会主义法律修养，尊重社会主义法律权威，做一个知法懂法守法的合格公民。

【教学建议】

第一，本案例可用于本章教学的反面案例，法治和德治的相互结合是两者各行其道，又相辅相成，相得益彰，做到法安天下、德润人心，而不是在司法机关行使司法权时动情、开恩。

第二，可以组织学生讨论：社会舆论该如何行使对司法工作的监督？在讨论中深化对问题的认识。

案例三 卢某和孙某走上犯罪道路的警醒

【案例呈现】

网络"黑客"的悲剧：卢某系北京某大学计算机应用专业的学生。2000年6月，卢某从网上下载江民"黑客"软件，破译并盗取了北京创原世纪公司的上网账号及密码。卢某不仅自己使用该公司的上网账号及密码上网，而且还向同学好友广泛传播，还得意地告诉他们："这账号是黑下来的，不要钱就可以上。"2000年10—11月，卢某甚至在网上发布信息，以每100元使用三个月的形式将账号和密码在网上销售，从中获利4 000多元。到该公司发现时，已造成直接经济损失16万多元。当卢某因涉嫌盗窃罪被刑事追究时，他竟以并没有偷东西为由为自己辩解，如果要知道是犯罪，也不会向同学、好友广泛传播上网账号及密码。

为检验与警察较量的结果，却将自己送入铁窗：北京某重点大学学生孙某，聪明好学，尤喜"钻研"侦探小说。为了检验与警察较量的结果，他开始盗窃学生宿舍的财物（他家庭经济条件很好）。每次作案，他都要把握两条"原则"：一是控制盗窃财物的价值量，不能达到法律规定的"数额较大"的标准，以免构成盗窃罪；二是不在现场留下指纹和足迹。当他多次作案后被以盗窃罪追究责任时，才"如梦初醒"：虽然每次盗窃的财物数额都未达标，但几次加起来早就超标。他因而为自己的无知号啕大哭。他看了几部侦探小说便"颇有心得"，竟狂妄地叫嚷："即使跟警察较量也未必会输。"

——http：//www.docin.com/p-285294802.html，2012-12-13

【思考讨论】

（1）常听有人说："我又不犯法，学法有什么用？"你是如何认为的？
（2）你认为主要是什么原因使卢某和孙某走上犯罪道路的？这对你有何启示？

【案例点评】

法律时时和我们相伴，法律就在我们身边。每一个人从一落地开始就依法成为我国公民，就与法律结下不解之缘，既受到法律的保护，也受到法律的约束。"我又不犯法，学法有什么用？"是大学生对学习法律的重要性、对法律的作用缺少全面认识，法治思维淡薄的表现。

对法律的无知是卢某和孙某走上犯罪道路的一个重要原因。当卢某因涉嫌盗窃罪被刑事追究时，他竟以并没有偷东西为由为自己辩解，"如果要知道是犯罪，也不会向同学、好友广泛传播上网账号及密码"；当孙某多次作案后被以盗窃罪追究责任时，才"如梦初醒"，虽然每次盗窃的财物数额都未达标，但几次加起来早就超标，他因而为自己的无知号啕大哭。这是两个在校大学生不懂法、法律意识淡薄，没有一个健康的法律心理才去以身试法的典型悲剧。知法绝不是对法律的一知半解，它不仅要求对法律条文有完整准确的理解，而且要求对法律精神、法治原则有一个正确的认识，同时要求有一个健康的法律心理。大量的调查资料表明，不知法、不懂法不仅是大学生违法犯罪的重要原因，也是导致大学生的合法权益遭受损害而得不到追究和补偿的重要原因。

上面这二则案例给在校大学生以重要启示：现代社会是法治社会，这就需要每个公民具有较强的法律素质。当代大学生应学习必要的法律知识，具备相应的法律素质，奠定立足现代社会的法律基石，才能成为高素质的各类人才，承担起社会责任和历史使命。为此，在校大学生要学习和掌握法律知识，增强法律意识，认真领会社会主义法律精神，树立社会主义法治观念，加强社会主义法律修养，尊重社会主义法律权威，才能在社会主义法治国家与和谐社会建设中，做一个知法懂法守法的合格公民。本案例能够帮助大学生树立"以遵纪守法为荣，以违法乱纪为耻"的观念。

【教学建议】

本案例讲述对法律的无知使卢某和孙某以身试法，竟然"破译并盗取人家公司的上网账号及密码，还在网上销售"和"以盗窃财物的方式来检验与警察较量的结果"，最终使自己走上违法犯罪的道路，二人都断送了自己美好的前途，大有前途的莘莘学子却要与铁窗相伴，令人扼腕叹息。通过卢某和孙某的故事，教育当代大学生，在大学时代，要增强自己的法律素养，具备相应的法律素质，学法、知法、懂法、用法，使自己成为一个健康的法律人，树立"以遵纪守法为荣，以违法乱纪为耻"的观念。

案例四　这些大学生的行为令我们遗憾

【案例呈现】

——某大学生甲，在宿舍丢失现金 500 元，因怀疑是宿舍同学所偷，于是心想：别人偷我的，我也偷别人的，反正这笔钱要想办法弄回来。于是趁宿舍另一同学抽屉没锁之际，盗取 500 元，结果被发现。

——某大学一男生宿舍，多次遭到窃贼的光顾，令同学们深恶痛绝，便设下埋伏，以期抓获小偷，功夫不负有心人，小偷终于被同学擒获，为解心头之恨，同学们你一拳、我一脚，对着小偷一阵猛打，致使小偷上医院治伤花去医药费共计 1 000 多元，小偷为此告到法院，要求打人的学生赔偿损失。

——大学生杨某借了 600 元钱给老乡田某，说好了一个月后归还，但田某到期后不仅不还钱，还多次找借口推托。杨某十分气愤，于是径直到其宿舍将他的电脑搬走，说是抵债。

——http：//www.flssw.com/falvzhishi/info/1942816，2013-01-08

【思考讨论】

以上大学生的行为合法吗？遇到类似的事情你怎么处理？给我们的启示是什么？

【案例点评】

这些大学生的行为均不合法。自己财产被盗，只能通过向有关部门报案来处理，自己再去偷盗他人来挽回损失的行为是不可取的，这种行为不合法，属于盗窃行为；小偷的偷窃行为固然可恨，但是对其偷窃行为的惩罚只能由司法机关依法处理，不能擅自伤害小偷，这种行为不合法，属于故意伤害行为，冲动无助于解决问题，要学会通过正当途径来维护自己的权利；债务人不还债，只能通过法定途径主张债权，不能擅自处分他人的财产，否则自己也侵犯了他人的合法权益，也是违法行为。这些行为都表明，如果大学生自身的合法权益受损，必须依法维权，否则，不仅维权不成，反而会使自己走向违法犯罪的道路。

上面这则案例给大学生以重要启示：当代大学生要增强法律意识和法治理念，当自身的合法权益受到侵害时，要学会运用法治思维思考与处理问题，拿起法律武器，通过法律途径维护自身的合法权益。在对法律问题的思考与处理上，法律思维应当优先，不能用道德的原则和道德评价取代法律的规则和评价。这则案例也说明当代大学生法律意识淡薄，需要加强社会主义法律修养，不仅要学习法律知识、掌握法律方法、参与法律实践、培养社会主义法治思维方式，而且要树立法律信仰、宣传法律知识、敢于同违法犯罪行为做斗争、自觉维护社会主义法律权威。

【教学建议】

上面这则案例讲述3位大学生当其自身的合法权益受到不法侵害时，没有学会拿起法律武器维护自身合法权益，没有正确运用法律思维、通过法律途径进行依法维权，而是采用非理性的方法自行解决，结果不仅维权不成，反而使自己走上违法犯罪道路。这给大学生敲响了警钟：置身于现代法治社会，当代大学生，要增强法律意识，学习必要的法律知识，学会运用法治思维思考与处理问题，要增强自己的法律素养，具备相应的法律素质，不仅要学法、知法、懂法，还要在现实生活中用法，运用法律武器维护自身的合法权益，同违法犯罪行为做斗争，树立社会主义法律信仰，捍卫法律的权威，使自己成为一个健康的法律人，以更好地适应法治社会对当代大学生的要求。

本案例适用于《思想道德修养与法律基础》第六章导课部分的教学，能够引起大学生对学法重要性的认识和守法意识问题的思考，也适用于培养社会主义法治思维、尊重社会主义法律权威部分的教学。本案例能够帮助大学生树立"以遵纪守法为荣，以违法乱纪为耻"的观念。

案例五 "民告官"胜诉案二则

【案例呈现】

磨坊主诉德国国王案： 在18世纪的德国，当时号称"军人国王"的弗里德里希·威廉一世在波茨坦修建了一座行宫。一日，威廉一世入住行宫，兴致勃勃地登高远眺，却发现宫墙外耸立着一座古老的磨坊，遮挡视线影响观景，遂令身边的大臣去问磨坊的主人愿不愿意出卖磨坊，他打算买下这座磨坊，并把它拆掉。大臣找到磨坊的主人交涉，不料磨坊主坚决不卖，并强调这磨坊是祖上传下来的产业，是无价之宝，必须让它世代相传。大臣只得如实回报。威廉一世执意要买磨坊，开出了高价，可磨坊主还是不卖。威廉一世大怒，命令卫队强行拆掉磨坊，磨坊主站在旁边冷眼旁观，口中念念有词："为帝王者或可为此事，然吾德国尚有法律在。此不平事我必诉之法庭。"不久，磨坊主就此事一纸诉状将威廉一世告到法庭，结果法庭判决皇帝重建磨坊恢复原状，还判决皇帝赔偿磨坊主人的损失。威廉一世看了判决书后，苦笑着说："我做皇帝有时也会不冷静，以至认为自己可以为所欲为。幸亏我国有这样的好法官，如此公正办案，乃吾国可嘉之事也。"于是令人又将磨坊在原地重建了起来。现在这座老磨坊还屹立在波茨坦的土地上，成为游览的景点之一。

某公安局侦查诽谤案成被告： 山西省某公安局在侦查一诽谤案时，怀疑某工业局打字员陈某有作案嫌疑,于是借故将其诱出工业局大楼,押到派出所,让其在传唤证上签字,随即秘密收审,后又转到公安局看守所。在收容期间,公安局多次询问陈某是否打印匿名信的事,陈某都否认。20天后公安局将其释放。陈某由于受到惊吓,出现心慌、头晕、哭闹、不能入睡等症状,患了"神经官能症"。于是她将公安局告上法庭,要求赔礼道歉,消除影响,赔偿误工、医疗等经济损失。后经法院审理,判令公安局赔偿陈某损失4 913元。

——http://china.findlaw.cn/info/case/xzal/108961.html,2013-01-11

【思考讨论】

请分析上面两则"民告官"胜诉案案例带给我们哪些启发。

【案例点评】

平民状告皇上,并且赢得官司,这在"普天之下莫非王土,率土之滨莫非王臣"的中国古代人治社会简直是天方夜谭,而在200年前的德国却成为事实。这其中或许有偶然的因素,但偶然中更有必然,悉心推敲一下,"磨坊主诉德国国王案"的成功离不开当时德国司法独立和裁判公正的法治精神。

公民状告公安局并且胜诉,这则案例让世人领略到了我国依法治国的法治精神,体现了公平正义的社会主义法治观念。

这两则案例给大学生的启发主要有:大学生要树立社会主义法治观念,牢固树立法律面前人人平等观念,认识到公民在守法上一律平等,不能学威廉一世那样不守法,要提高"以遵纪守法为荣,以违法乱纪为耻"的觉悟。在校大学生还要加强社会主义法律修养,学学磨坊主和打字员陈某的精神,当自身的合法权益受到不法侵害时,要学会运用法律武器维护自身合法权益。上面两则案例也让我们认识到大学生是社会主义法治国家建设的重要力量,必须加强社会主义法律修养,不仅要学习法律知识、掌握法律方法、参与法律实践、培养社会主义法律思维方式,而且要树立法律信仰、宣传法律知识、敢于同违法犯罪行为作斗争、自觉维护社会主义法律权威。

【教学建议】

平民状告皇上,并且赢得官司;公民状告公安局,并且胜诉,这两则案例体现了裁判公正的法治精神。"磨坊主诉德国国王案"是法律面前人人平等的最好体现。"某公安局侦查诽谤案成被告"体现了我国依法治国的法治精神,弘扬了公平正义的社会主义法治观念。

在校大学生要学学磨坊主和打字员陈某的精神,做一名健康的现代法律人,当自身的合法权益受到不法侵害时,要学会运用法律武器维护自身合法权益,要提高"以遵纪守法为荣,以违法乱纪为耻"的觉悟,树立法律面前人人平等观念,不能学威廉一世那样不守法;认识到大学生是社会主义法治国家建设的重要力量,要增强法律意识,弘扬法治精神,必须认真学习法律知识,加强社会主义法律修养,做一名学法、知法、懂法、守法、护法的社会主义法治国家的好公民。

案例六 激活特赦制度，彰显宪法的权威和尊严

【案例呈现】

2015年8月24日，中国第十二届人大常委会第十六次会议审议了《全国人民代表大会常委会关于特赦部分服刑罪犯的决定（草案）》，规定为纪念中国人民抗日战争暨世界反法西斯战争胜利70周年，拟对2015年1月1日前正在服刑、释放后不具有现实社会危险性的四类罪犯实行特赦。

第一类，参加过中国人民抗日战争和解放战争的。据统计，这些服刑人员均属于80岁以上的老年犯，回归社会后没有危险性。

第二类，在保卫国家主权、安全和领土完整中做出突出贡献的。此类人员中除了犯贪污、受贿罪，以及刑法规定的严重暴力性犯罪、累犯，都予以释放。

第三类，年满75周岁，严重残疾，生活不能自理的服刑人员。

第四类，未成年轻刑犯，犯罪时未满18周岁，被判处3年以下有期徒刑的，犯杀人、强奸、贩毒、恐怖犯罪的除外。

【思考讨论】

请你运用所学法律知识分析此案例怎样彰显了宪法的威严。

【案例点评】

我国宪法规定了公民具有广泛的权利。宪法是国家的根本大法，宪法中规定的每一项制度，都是关系国家权力和公民权利的重大事项，某项宪法制度如果长期"休眠"不用，不但将造成"用进废退"的困境，还将损害宪法的权威和尊严。在纪念中国人民抗日战争暨世界反法西斯战争胜利70周年的重大历史节点，全国人大常委会决定特赦部分服刑罪犯，不但契合了重大历史纪念主题和政治主题，树立我国尊重人权、开放文明的大国形象，而且激活了"休眠"多年的特赦制度，使一项重要的宪法制度真正成为"活"的制度，突出彰显了人道主义的分量和价值，为全面推进依法治国写下了漂亮的一笔。

对参加过中国人民抗日战争、中国人民解放战争的服刑罪犯予以特赦，突出了纪念中国人民抗日战争暨世界反法西斯战争胜利70周年的主题；对中华人民共和国成立以后参加过保卫国家主权、安全和领土完整对外作战的服刑罪犯实行特赦，也符合本次特赦的目的。对年满75周岁、身体严重残疾且生活不能自理的服刑罪犯，以及犯罪时不满18周岁，被判处3年以下有期徒刑或剩余刑期在1年以下的服刑罪犯予以特赦，体现了刑法的惩罚与教育相结合的目的，符合国际通行的人道主义原则。对前两类罪犯实行特赦，主要体现政治上的意义，对后两类罪犯实行特赦，主要体现法治上的意义，总体上看，都有利于弘扬依法治国的理念，体现慎刑恤囚的历史传统，形成维护宪法制度、尊重宪法权威的社会。

【教学建议】

第一，本案例可用于第六章的教学导入使用。"特赦"是我国宪法规定的一项重要制度，是我国尊重人权、开放文明的表征，是公民享有的广泛的权利的一种，尽管能够享有这项权利的人非常有限，这项权利得以实现的机会也非常有限（本次特赦就是40年来的第一次）。由于本案例具有时效性强、分量重大、内容新特的特征，以此导入教学，能够有效地激发学生的学习兴趣，调动学生学习的积极性。

第二，使用本案例要适度进行扩展，点明其思想教育性，比如本次特赦对于树立我国尊重人权、开放文明的大国形象的重要意义，对于彰显人道主义的分量和价值，对于全面推进依法治国的意义等。

案例七　从"呼格吉勒图案"看权利救济

【案例呈现】

1996年4月9日晚19时45分左右，呼格吉勒图于当晚与同事闫峰吃完晚饭分手后，听到女厕内有女子呼救，便急忙赶往女厕内施救。随后，呼格吉勒图跑到附近警亭报案，后来被时任呼和浩特市公安局新城分局局长冯志明认定为杀人凶手。

呼和浩特市人民检察院指控被告人呼格吉勒图犯故意杀人罪、流氓罪，呼和浩特市中级人民法院于1996年5月17日做出〔1996〕呼刑初字第37号刑事判决，认定呼格吉勒图犯故意杀人罪，判处死刑，剥夺政治权利终身；犯流氓罪，判处有期徒刑5年，决定执行死刑，剥夺政治权利终身。

宣判后，呼格吉勒图以没有杀人动机，请求从轻处理等为由，提出上诉。内蒙古自治区高级人民法院于1996年6月5日作出〔1996〕内刑终字第199号刑事裁定，驳回上诉，维持原判，并根据当时有关死刑案件核准程序的规定，核准以故意杀人罪判处呼格吉勒图死刑，剥夺政治权利终身。1996年6月10日呼格吉勒图被执行死刑。

2005年10月23日，呼和浩特市破获一起系列杀人案。犯罪嫌疑人赵志红在交代的十几起案件中，其中第16起就交代了呼和浩特第一毛纺厂宿舍大院女厕所的一起命案。某记者接触后展开调查，最后确认赵志红是这起命案的真凶。在2005年10月30日，某记者采写内参，内参发出以后获得了中央领导的批示。2014年3月初，内蒙政法委成立了呼格吉勒图案件复查组。

内蒙古自治区高级人民法院于2014年11月19日决定启动再审程序，另行组成合议庭并依法进行审理。2014年11月20日，备受关注的呼格吉勒图案进入再审程序。2014年12月15日，内蒙古自治区高院再审判决，呼格吉勒图无罪。

【思考讨论】

呼格吉勒图案涉及哪些权利救济？本案对正在求学的你有何启示？

【案例点评】

此案例中涉及的权利救济形式较多，又是当今引起广泛关注的案例。其中，当事人"呼格吉勒图以没有杀人动机，请求从轻处理等为由，提出上诉"，属于司法救济；"某记者接触后展开调查，最后确认赵志红是这起命案的真凶"；"某记者采写内参，内参发出以后获得了中央领导的批示。2014年3月初，内蒙政法委成立了呼格吉勒图案件复查组"属行政救济。

公民在自己的合法权利受到损害或侵害时，有权利获得权利救济，救济的方式有多种，公民可以根据自己的情况选择某一种或者多种方式进行救济。

启示：当代大学生要学法、知法、守法、护法。要学会依法行使法律权利和自觉履行法律义务。

【教学建议】

第一，本案例可以用于"依法行使权利与履行义务"和"依法救济权利"的教学。

第二，使用本案例，旨在提高学生的维护权利意识。当自己的权利受到侵害时，要运用法律手段、按照法律程序救济权利。

案例八　打折扣的养老费

【案例呈现】

原告李原青系新乡市建筑公司退休职工，现行动方便，生活能自理，共有5个子女。2002年农历6月8日原告妻子郭秀英因病去世，2002年农历6月9日经中人见证，原告的五个子女对原告赡养问题进行协商，约定由原告的三个儿子每月轮流赡养（春节另定为每月20天）。2003年农历正月十二日被告未按约定按原告到其家居住生活，同年正月十四日又因家务纠纷，与原告发生争执，致使被告至今未对原告履行赡养义务。2003年3月13日原告向本院提起诉讼，要求被告履行赡养义务，每月支付生活等费用150元。原告系退休职工，且生活能够自理，现诉请每月要求被告支付生活等费用150元，按其五个子女计核，已明显超出当地城镇居民的生活水平，故其请求应按当地城镇居民年均可支配收入计核，原告有子女5个，故每人赡养费应为60元。法院最终判决：被告李怀军从2003年3月起每月支付原告李原青生活费60元，以后的生活费定于每月的十五日前付清。案件受理费50元，实支费200元，共计250元，由被告李怀军负担。关于被告辩驳的要求原告轮流居住，到其家尽赡养义务，因居住生活权是本着方便老人生活及被赡养人自愿选择的原则，故原告要求被告尽赡养义务给付生活费，不同意到被告家居住生活的请求也并无不当，故对被告的辩驳不予支持。

【思考讨论】

（1）请你运用所学的有关法律权利和法律义务方面的知识分析此案例。

（2）此案例使你受到哪些启发和教育？

【案例点评】

赡养老人是中华民族的传统美德，是每个公民应尽的义务，被告李怀军是原告的亲生儿女，本应依法履行义务，赡养老人，使原告安度晚年，幸福生活。因生活琐事，被告未履行赡养义务是不正确的，故原告要求被告尽赡养义务的请求应予支持。接受赡养是老年人的法律权利，老人在年轻的时候，生育子女，并对子女尽了抚养的权利，所以老人需要照应或者需要陪伴，法律予以支持。

启发和教育：在校大学生要知法守法，自觉行使法律权利和履行法律义务，自觉弘扬中华民族传统美德，提高个人素质和境界。

【教学建议】

第一，本案例可用于"法律权利"部分的教学。
第二，本案例可用于"法律义务"和"法律义务的特征"部分的教学。

案例九　学生不满导师对经费分配，群发邮件诋毁被判侵权

【案例呈现】

因不满导师张某对科研经费的分配，已毕业的学生小林多次用自己的邮箱给该学院的教师发送"公开信"，指责导师存在"受贿""诈骗"的可能。张某是某知名大学艺术学院副教授，一直以来在学校口碑还不错。然而2014年年初，张某的领导和同事先后收到一封该校毕业生小林的邮件。文中指出张某有涉嫌"贿标""受贿"及"挪用公款"的可能，并使用了如"变态""半死不活""撒泼耍流氓"等侮辱性词语。张某不堪其扰，将小林诉至法院，以侵犯自己名誉权为由，要求小林消除影响，并赔偿精神抚慰金及公证费用等1万余元。面对昔日恩师的起诉，小林庭审中辩称自己没有发送过上述内容的邮件。但张某已将小林邮件和邮箱进行了公证，法院也采信了这一证据。一审法院经审理后判决小林停止侵害张某名誉权的行为，就此事赔礼道歉，并赔偿张某公证费2 010元、精神损害抚慰金2 000元。小林不服提出上诉。

一中院审理后认为，小林电子邮件内容多属个人臆测，并非已查明的客观事实，构成侮辱、诽谤。因此认定，小林在张某工作、生活的范围内损害了其名誉，已经构成对张某的名誉侵权，驳回了上诉，维持一审判决。日前，一中院终审判决，要求小林停止侵权行为，并就此事赔礼道歉，赔偿张某公证费2 010元、精神损害抚慰金2 000元。

【思考讨论】

本案中小林利用网络随意发表言论，触犯法律而受到法律制裁，请你运用所学法律知识分析小林的行为给我们哪些警示和启发。

【案例点评】

本案例讲的是大学生利用网络随意发表言论触犯法律而受到法律制裁的事例。讲述大学生自己的事例可以提高学生的关注度，对于大学生群体有很强的告诫作用。小林由于对导师科研经费分配不满意，在没有事实根据的情况下，指责导师存在"受贿""诈骗"的可能；指出张某有涉嫌"贿标""受贿"及"挪用公款"的可能，并使用了如"变态""半死不活""撒泼耍流氓"等侮辱性词语，构成了对张某的名誉侵权。

本案例给我们的启示：在校大学生要树立法律意识，合法地行使自己的权利，做事情要考虑法律后果，做到知法、守法。

【教学建议】

第一，本案例可用于"我国宪法法律规定的权利与义务"的教学导入，本案例也可用于"政治权利与义务"中"表达权利与义务"的教学。我国宪法法律赋予公民表达权利，言论自由是公民有表达自己思想和观点的自由。但是，公民在行使言论自由权时必须履行一定的义务，诸如不得捏造事实，不得编造、故意传播虚假恐怖信息等。

第二，使用本案例时，可以先请学生发表自己对该事件的看法，引导大学生树立法律意识，合法地行使自己的权利，做事情时考虑法律后果，做到知法、守法。

案例十 "掏鸟16只被判10年半"是否量刑过重

【案例呈现】

2014年学校放暑假的时候，闫亮（化名）发现自家大门外的树上有个鸟窝，便和朋友王凯（化名）架个梯子将鸟窝"掏了"，里面一共掏出12只雏鸟。闫亮养了一段时间后把这些鸟卖了，之后他们又掏了另一个鸟窝，这次抓到4只。结果这16只鸟，让两人惹来了牢狱之灾。按闫亮的说法，直到森林公安抓了自己，他才知道那些白色胎毛还没褪净的小鸟，竟然是国家二级保护动物燕隼。今年8月，闫亮和王凯分别因犯非法收购、猎捕珍贵、濒危野生动物罪等，被判刑10年半和10年。

从法律的角度来看，依据最高人民法院《关于审理破坏野生动物资源刑事案件具体应用法律若干问题的解释》，非法猎捕、收购、运输、出售珍贵、濒危野生动物罪中"隼类""情节严重"的标准是6只，"情节特别严重"的标准是10只。本案中涉案隼类已超过10只，属于情节特别严重，应处10年以上有期徒刑，并处罚金或者没收财产。因此法院量刑是合理的。

但是从法律的意义来看，法律对人的行为更多的是个别性指引和规范性指引，法律制定的本身也是为了通过惩治来达到维护社会稳定的目的。究其本身，并不是为了处罚而处罚。反观这个大学生掏鸟窝的事件，在做出掏鸟窝这个行为之前他并不知道这是国家二级保护动物，掏了鸟窝后也精心喂养，并没有主观故意猎捕、杀害保护动物。诚然，我们的法律公平正义就在于并不会因为你说你不是故意就可以逃避法律的惩罚。但是笔者认为，就因为掏了自家门口的鸟窝被判处 10 年半的有期徒刑，对一个年轻的孩子来讲太严重了。生活在农村的孩子，大部分都有过掏鸟窝的经历，谁能说自己在掏鸟窝前就知道非法猎捕野生动物是犯罪行为？就算你有这种意识，谁能保证自己能够准确地辨认出哪些是野生动物哪些不是？

【思考讨论】

请你运用所学法律知识分析本案中闫亮的行为，并简要谈谈此案给我们哪些警示和启发。

【案例点评】

从案例涉及事情本身看，如果没有这场意外，今年 21 岁的闫亮还有半年就可以从电子自动化专业毕业，找份工作，然后赚钱养家。然而，就是掏了 16 只雏鸟后，闫亮不仅断送了自己的前程，更是毁了整个家庭。选取本案例的立意在于三点：第一，其发生在同龄、同身份的大学生身上，具有针对性；第二，本案例涉及情理与法理的冲突，涉及行为者非恶意、非以谋取非法利益的违法，颇受舆论关注。第三，本案例形式上看是依据法律量刑的，但是情理上显失公平，作为教学案例，可以就此引导学生进行讨论，为闫亮出主意，依法进行救济权利，不失为较好的讨论案例。从本案例选取的角度（案件量刑的评论）在于对事件的评论，是权利救济的一种形式。

本案例给我们的启示：在校大学生要增强法律意识，依法行使自己的权利和自觉履行义务，做事情要考虑法律后果，做到知法、守法。

【教学建议】

第一，本案例可以用于"行使法律权利、履行法律义务""依法行使权利与履行义务""依法履行义务"部分的教学。公民具有遵守宪法和法律的义务。《关于审理破坏野生动物资源刑事案件具体应用法律若干问题的解释》具有法律效力，闫亮应该依法遵守。

第二，本案例可以用于"依法行使权利与履行义务"和"依法救济权利"部分教学使用。当闫亮意识到自己的行为招致的法律后果异常严重时，尤其是自己从来没有主观故意违法的行为导致如此后果时，通过这种方式（利用媒体救济权利）也许不失为一种好的自力救济方式。

第三，结合本案例提醒学生，一要守法，就要先知法；二要学习运用依法救济权利，尤其要懂得自力救济。

(1) "大学生闯红灯个个有理"视频请扫描此二维码。

（2）"人民当家做主的根本保证"视频请扫描此二维码。

（3）"宪法赋予公民的权利和义务"视频请扫描此二维码。

（4）"机场维权"视频请扫描此二维码。

（5）微视频：社会主义法制建设十六字方针。

考考你

一、单项选择（请将正确答案的字母填写在括号内）

1. 法律是由（　　）创制和实施的行为规范。
   A. 国家　　　　B. 统治阶级　　　C. 国王　　　　D. 人民

2. 社会主义法律是新型的法律制度，有着与以往剥削阶级类型法律制度不同的经济基础和阶级本质。社会主义法律以（　　）为经济基础，保障全体劳动者共同占有生产资料。
   A. 私有制　　　B. 公有制　　　　C. 全民所有制　　D. 集体所有制

3. 在广义上讲，法律执行是指国家机关及其公职人员，在国家和（　　）管理中依照法定职权和程序，贯彻和实施法律的活动。
   A. 公共事务　　B. 社会事务　　　C. 公民事务　　　D. 个人事务

4. 我国现行宪法发布的时间是（　　）年。
   A. 1949　　　　　B. 1956　　　　　C. 1978　　　　　D. 1982
5. （　　）是中国共产党领导的多党合作和政治协商的重要机构，是我国政治生活中发扬社会主义民主的重要形式。
   A. 全国人民代表大会　　　　　　B. 人民代表大会
   C. 中国人民政治协商会议　　　　D. 政治协商会议
6. "天下之事，不难于立法，而难于法之必行"这句话说的是（　　）
   A. 科学立法　　B. 严格执法　　C. 公正司法　　D. 全民守法
7. （　　）是社会主义法律的基本属性。
   A. 平等　　　　B. 民权　　　　C. 爱国　　　　D. 自由
8. 法治和（　　）是治国理政不可或缺的两种方式，如车之两轮或鸟之两翼，忽视其中任何一个，都将难以实现国家的长治久安。
   A. 人治　　　　B. 民治　　　　C. 德治　　　　D. 吏治
9. 法治思维是指以（　　）和法治精神为导向，运用法律原则、法律规则、法律方法思考和处理问题的思维模式。
   A. 法治价值　　B. 法治情感　　C. 德治理念　　D. 人本主义
10. 尊重法律权威，既要尊重一般法律的权威，更要尊重（　　）至上的权威。
    A. 民法　　　　B. 宪法　　　　C. 刑法　　　　D. 人民

二、多项选择（请将正确答案的字母填写在括号内）

1. 我国宪法的基本原则有____。
   A. 党的领导　　B. 人民主权　　C. 尊重和保障人权　　D. 社会主义法治
   E. 民主集中制
2. 全面依法治国的十六字方针包括____。
   A. 科学立法　　B. 严格执法　　C. 公正司法　　D. 有法必依
   E. 全民守法
3. 法治思维与人治思维的区别有____。
   A. 依据上　　　B. 方式上　　　C. 价值上　　　D. 标准上
4. 下列内容中属于我国宪法规定的基本权利的有____。
   A. 政治权利　　B. 经济权利　　C. 财产权利　　D. 住房权利
5. 公民的人身权利主要包括____。
   A. 财产权利　　B. 生命健康权　　C. 人格尊严权　　D. 通信自由权
   E. 人身自由权

三、判断对错（在括号内填写答案，正确的填写T，错误的填写F）

1. 祖国安全是指国家的领土完整。　　　　　　　　　　　　　　　　　　　（　　）
2. 法律权利与法律义务平等，是现代法治的基本原则，是社会公平正义的重要方面。　　　　　　　　　　　　　　　　　　　　　　　　　　　　　　　（　　）
3. 法治思维是一种习惯性思维，与长期自觉养成的生活习惯有很大关系。　（　　）

4. 大学生应依法行使权利和履行义务，妥善处理学习、生活中遇到的法律问题和各种矛盾，也是提高自身法治素养的途径。（   ）

5. 培养法治思维，也不必抛弃人治思维。（   ）

6. 坚持从实际出发，就是要突出法治道路的中国特色、实践特色、时代特色。（   ）

7. 在社会主义法治国家，人民是依法治国的主体，坚持人民主体地位依法治国的基本原则。（   ）

8. 法律是治国重器，司法是法治的龙头环节。（   ）

9. 高效的法治实施体系是中国特色社会主义法治体系的前提。（   ）

10. 有力的法治保障体系，是全面依法治国的重要依托。（   ）

参考答案

一、单项选择

1. A   2. B   3. A   4. D   5. C   6. B   7. A   8. C   9. A   10. B

二、多项选择

1. ABCDE   2. ABCE   3. ABCD   4. AC   5. BCDE

三、判断对错

1. F   2. T   3. T   4. T   5. F   6. T   7. T   8. F   9. F   10. T

附件一：职业生涯规划书体例

当今的时代是人才竞争的时代，职业生涯规划开始成为人才争夺战中的另一重要利器。对企业而言，如何体现公司"以人为本"的人才理念，关注员工的人才理念，关注员工的持续成长，职业生涯规划是一种有效的手段；而对每个人而言，职业生命是有限的，如果不进行有效的规划，势必会造成生命和时间的浪费。拟定一份职业生涯规划，找准人生目标，并向着目标努力，迫在眉睫。因此要求每名学生撰写一份职业生涯规划。

要求：

1. 从自我评估、职业分析、职业定位、实施方案几个方面进行职业生涯规划。

2. 格式要求。

用纸要求：

纸型：A4纸，单面打印。

页边距：上2.54cm，下2.5cm，左2.5cm，右2.5cm。

页眉：1.5cm，页脚：1.75cm，左侧装订。

封面：小初号、宋体。

校训：一号字、宋体。

姓名等：小四号，宋体。

目录：小四号、宋体。

标题：三号、宋体。

正文：小四号、仿宋体。

字数：3 000字左右。

3. 体例如下。

（1）封面，见下页。

（2）目录，见166。

附件一：职业生涯规划书体例

大学生职业生涯规划书

铸

诚

精

艺

姓名_____

分院_____班级_____学号_____

联系电话_____

电子邮件_____

二〇 年 月

目 录

引言

一、自我评估

    1. 性格

    2. 兴趣、爱好

    3. 专业技能

    4. 价值观

    5. 自身优势、劣势

二、职业分析

    1. 专业对应的职业岗位群分析

    2. 职业岗位群所需的知识、技能、素质分析

    3. 社会现状分析

    4. 自身与职业目标岗位的能力和素质要求的距离

三、职业定位

    1. 职业方向

    2. 自我的职业要求

    3. 职业选择

    4. 证件要求

    5. 技能要求

    6. 性格要求

    7. 工作环境

四、实施方案

结束语

附件二：长春职业技术学院思想政治理论课社会实践调查报告（论文）格式与成绩评定参考标准

思想政治理论课社会实践调查报告格式

第一部分：**封面**
1. 需填写的项目由本人用碳素墨水手写或打印。
2. 班级均采用阿拉伯数字，班级应标明某级某班。
3. 用纸要求（以下所有用纸按此要求）：
- 纸型：A4 纸，单面打印；
- 页边距：上 2.54 cm，下 2.5 cm，左 2.5 cm，右 2.5 cm；
- 页眉：1.5 cm，页脚：1.75 cm，左侧装订。

第二部分：**文章标题、摘要与关键词**
1. 文章标题：小二号字，黑体，居中。
2. 中文摘要、关键词。
摘要：五号，黑体，加粗，顶格。
摘要正文：五号，宋体，左右缩进 2 个字符。
关键词标题：五号，黑体，顶格，加粗。
关键词正文：五号，宋体，词间用空格隔开。

第三部分：**主体部分**
1. 报告的标题层次按以下格式编排。

> 一、××××× （一级标题，用三号字，宋体，顶格）
> （一）××××× （二级标题，用四号字，宋体，顶格）
> 1. ×××××× （三级标题，用小四号字，宋体，顶格）
> （1）×××××× （四级标题，格式同三级标题）

2. 正文用小四号字，宋体，行间距采用单倍行距。
3. 每页页脚居中注明页码。

第四部分：参考文献（五号、宋体、加粗、顶格）

序号：1、2、3等。

1. 参考文献为期刊论文。

期刊论文著录格式：顺序号．作者．题目．刊物名称，出版年，卷（期）。

例：1. 陈乐喜．试论知识创新信息运动．自然辩论法研究，2001（1）。

2. 参考文献为图书。

图书著录格式：顺序号．作者．书名．出版地：出版社，出版年。

例：1. 黄敏学．网络营销．武汉：武汉大学出版社，2000。

第五部分：装订顺序

封面、记录表、报告。

2011年9月

思想政治理论课社会实践调查报告（论文）成绩评定参考标准

优：

1. 调查报告（论文）选题新颖，观点明确，论据充实；具有较强的运用思想政治理论课理论知识分析问题、解决问题的能力，有某些创造性见解。

2. 收集的资料完整、丰富，引用的数据准确、完整，图表清楚、正确。

3. 表述条理清楚，文章结构合理，逻辑性强。

4. 文字流畅，标点规范，格式符合要求。

良：

1. 调查报告（论文）选题较新，观点明确，能运用所学思想政治理论课理论知识分析问题、解决问题。

2. 资料较完整，数据齐全，图表清楚、正确。

3. 表述条理清楚，论证具有较强的逻辑性。

4. 文字通顺，标点正确，格式符合要求。

中：

1. 调查报告（论文）观点较明确，运用所学的思想政治理论课理论知识时没有错误。

2. 资料较完整，数据较齐全，图表较清楚、正确。

3. 表述较清楚，论证有一定的说服力。

4. 文字较通顺，标点基本正确，格式基本符合要求。

及格：

1. 调查报告（论文）观点基本正确，运用所学的思想政治理论课理论知识时无科学性差错和原则性错误。

2. 有一定的资料收集，有一定的数据，但作为论据尚欠充分。图表基本正确。

3. 表述基本清楚，论证尚能说明观点。

4. 文字基本通顺，标点基本正确，格式基本符合要求。

不及格：

1. 观点含糊不清或有严重错误，运用所学思想政治理论课理论知识时有科学性错误。

2. 资料贫乏，不能证明论点。

3. 数据凌乱不全，图表不清，有错误。

4. 文字不通，标点错误，格式不符合要求。

5. 抄袭之作。

附件三：心得、论文、演讲稿、总结、报告体例

第一部分：封面

1. 需填写的项目由本人用碳素墨水手写或打印。
2. 班级均采用阿拉伯数字，班级应标明某级某班。
3. 用纸要求（以下所有用纸按此要求）：
- 纸型：A4纸，单面打印；
- 页边距：上2.54 cm，下2.5 cm，左2.5 cm，右2.5 cm；
- 页眉：1.5 cm，页脚：1.75 cm，左侧装订。

第二部分：文章标题、摘要与关键词

1. 文章标题：小二号字，黑体，居中。
2. 中文摘要、关键词。

摘要：五号，黑体，加粗，顶格。

摘要正文：五号，宋体，左右缩进2个字符。

关键词标题：五号，黑体，顶格，加粗。

关键词正文：五号，宋体，词间用空格隔开。

第三部分：主体部分

1. 报告的标题层次按以下格式编排。

一、××××× （一级标题，用三号字，宋体，顶格）

（一）××××× （二级标题，用四号字，宋体，顶格）

1. ×××××× （三级标题，用小四号字，宋体，顶格）

（1）×××××× （四级标题，格式同三级标题）

---

2. 正文用小四号字，宋体，行间距采用单倍行距。
3. 每页页脚居中注明页码。

第四部分：参考文献（五号、宋体、加粗、顶格）

序号：1、2、3等。

1. 参考文献为期刊论文。

期刊论文著录格式：顺序号. 作者. 题目. 刊物名称，出版年，卷（期）。

例：1. 陈乐喜. 试论知识创新信息运动. 自然辩证法研究，2001（1）。

2. 参考文献为图书。

图书著录格式：顺序号．作者．书名．出版地：出版社，出版年。

例：1. 李大潜．中国大学生数学建模竞赛．北京：高等教育出版社，2001。

第五部分：装订顺序

封面、记录表、报告。

附件四：新闻报导稿的格式与要求

为充分发挥大学生自身的优势和才能，挖掘大学生的潜力，培养和训练大学生的创新能力，以及撰写新闻报导稿的能力，特起草新闻报导稿的撰写要求，希望同学们能按要求撰写新闻报导稿。

新闻报导实际上是一个很个性化和组织化的行为，个人可以有个人的特点，一种报纸可以有自己的原则。但是有一点不能放弃，就是任何新闻报导稿都要以最快、最简洁、最能满足受众需要的格式去写，这是新闻报导的"真理"。

特点：

1. 生动而集中地再现场景与人物。
2. 渲染与烘托气氛，形成视觉神经情感思维的感应过程。
3. 透视全局。

种类：

1. 事件特写：摄取与再现重大事件的关键性场面。
2. 场面特写：新闻事件中精彩场面的再现。
3. 人物特写：再现人物的某种行为，绘声、绘色，有强烈动感。
4. 景物特写：对于有特殊意义或有价值的罕见景物的描写。
5. 工作特写：对于某一工作场面的生动再现。
6. 杂记性特写：各种具有特写价值的新闻现场之生动再现。

写法：

第一，选准一个镜头（包括选准一个片段、一个情节），加以放大。

第二，要抓住人物和事物的特点。

第三，要抓生动的形象，捕捉人物、事物的动态、动势。

第四，要抓有感情色彩的东西。情能感人，要善于把人的喜、怒、惊、思、忧、悲、恐的感情恰到好处地表达出来，让情融于事中，使情满而不溢。

第五，要抓取新闻事件的高潮部分。

第六，要运用较多的描绘手法，把已逝的情景写得栩栩如生，但必须严格遵守新闻真实性的原则，不能夸张、虚构，更不能合理想象。

要求：1. A4纸打印，字数2 000字左右。

2. 标题：三号宋体加黑、段前空一行，段后空一行、居中。

3. 正文：小四号字，行间距：1.5 倍。

4. 页边距：上 2.54 cm，下 2.5 cm，左 2.5 cm，右 2.5 cm；

5. 页眉：1.5 cm，页脚：1.75 cm，左侧装订。

附件五：图片、摄影类作品格式要求

1. 参赛摄影作品一定要体现活动主题要求。
2. 征集作品要求另附文字简介，具体包括：作品标题、规格、作者姓名、联系电话、所属分院、专业、班级、姓名等信息。
3. 作品形式：彩色数码照片、黑白数码7寸①清晰照片或格式为JPGE的电子文件，长边不小于800像素。
4. 一幅多张图片请标明顺序号。
5. 参展作品的名誉权、肖像权、著作权等法律责任，均由作者本人负责。
6. 作品切勿利用电脑涂改、合成。一律不得加入边框、水纹、签名等修饰。
7. 所有参赛摄影作品必须为本人原创。作品的风格、题材、地点不限。

---

① 1寸≈3.33厘米。

附件六：主题实践活动策划方案及思政课实践活动申请表

主题实践活动策划方案

主题实践活动策划方案体例要求如下：
1. A4 纸打印。
2. 标题：三号宋体加黑，段前空一行、段后空一行，居中。
3. 正文：小四号字，行间距：1.5 倍。
4. 页边距：上 2.54 cm，下 2.5 cm，左 2.5 cm，右 2.5 cm。
5. 页眉：1.5 cm，页脚：1.75 cm，左侧装订。

主题实践活动策划方案格式要求如下：

一、实践活动主题

二、参加实践活动的班级、社团、社会实践活动小组名称、人数

三、活动时间、地点

活动时间：

活动地点：

四、实践活动负责人姓名、联络方式

姓名：

电话：

五、活动具体内容（详实）

六、活动过程（活动各环节内容要具体）

七、实践活动准备

如：1. 活动负责人、主持人的安排。

2. 照相或摄像人员的安排、PPT 的制作。

3. 活动道具、工具的准备、各环节的安排。

4. 黑板的布置。

5. 活动新闻报导稿的撰写等。

八、活动预期效果（要达到的目的）

九、活动总结

如：1. 活动所有文字材料、图片、课件等资料。

2. 活动纪实照片、摄像资料。

3. 按具体活动要求撰写心得体会。

4. 参加活动人员名单。

5. 活动总结。

6. 任课教师考核。

思政课实践活动申请表

思政课实践活动申请表

活动主题	
活动形式	
活动时间	201 年 月 日 —201 年 月 日
活动地点	
活动单位	负责人
联系电话（手机）	
活动小组人员名单	
活动性质	□志愿者服务　□社会调研　□社团活动 □参观考察　□问卷调查　□班、团活动 □其他　（请注明）
活动内容	
预期效果	
活动批复情况	分院学工办、团委　　　（盖章） 　　　　　　　　　　201 年 月 日 基础教学部　　　　　（盖章） 　　　　　　　　　　201 年 月 日

附件七：思想道德修养与法律基础课教学改革实施方案

为推进高校大学生思想政治理论课教学改革，积极探索实践育人的长效机制，更好适应我院人才培养方案，使课程教学与新版培养方案做到无缝衔接，切实提高"思想道德修养与法律基础"课程教师教学能力和教学质量，更好地发挥思想政治教育主阵地的作用，特制订"思想道德修养与法律基础"课程教学改革实施方案。

【指导思想】

以马克思列宁主义、毛泽东思想、中国特色社会主义理论为指导，认真贯彻落实中共中央和中宣部、教育部有关文件精神，深入贯彻《中共中央、国务院关于进一步加强和改进大学生思想政治教育的意见》（中发〔2004〕16号）、《〈中共中央宣传部、教育部关于进一步加强和改进高等学校思想政治理论课的意见〉实施方案》（教社政〔2005〕9号）、教育部等部门《关于进一步加强高校实践育人工作的若干意见》（教思政〔2012〕1号）和教育部关于印发《高等学校思想政治理论课建设标准》（教社科〔2015〕3号）、教育部关于印发《新时代高校思想政治理论课教学工作基本要求》（教社科〔2018〕2号）的通知等有关文件精神，贯彻学院教学改革要求，认真落实学院人才培养方案，积极探索"思想道德修养与法律基础"课教学改革，切实提高"思想道德修养与法律基础"课程教学实效。

【课程性质和任务】

"思想道德修养与法律基础"课是2005年中央宣传部、国家教育部《关于进一步加强和改进高等学校思想政治理论课的意见》及实施方案确定的高等院校学生必修的思想政治理论核心课程。

本门课程面向全院各专业的一年级新生，其功能是培养学生的综合素质和核心职业能力，从而把大学生培养成为社会主义事业的合格的建设者和可靠的接班人。本课程在专业人才培养过程中起着基础作用。本课程的前修课程为"高中思想政治理论课"；后续课程为"毛泽东思想和中国特色社会主义理论体系概论"，本课程与两者前后衔接，共同完成培养"生产、建设、管理、服务第一线需要的高等技术应用型专门人才"思想道德素质的任务。

【课程改革目标】

为适应新时代及学生发展需要，结合我院实际情况，以高度的使命感和紧迫感，从教学形式、教学模式、教学方法、考核方法等方面全面推进"思想道德修养与法律基础"课程教学改革，全面优化其课程体系和课程结构，积极探索教学的新思路、新途径、新办法，强化学生自主学习和社会实践能力，实现思政课理论教学、实践教学与学院常规思想政治工作的有机结合和良性互动，完善成绩考核评定机制和考评体系，提高教师队伍的教学科研水平，建立健全课程建设的条件保障机制，采取有力措施切实增强课程的吸引力和感召力，保证教学质量的全面提高，把"思想道德修养和法律基础"课程建设成为大学生真心喜爱、终身受益的优秀课程。

【课程改革的必要性】

1. "思想道德修养和法律基础"课程作为大学生系统接受思想、道德、法治教育的重要途径，必须调整授课内容、方式、模式、考评体系等。

2. 当代大学生缺乏思想、道德、法治教育，而时代的发展更需要此课程发挥思想政治教育主阵地的作用。

3. 学生受西方文化和社会思潮影响及就业压力驱使，往往重应用型学科而忽视思想政治教育。

4. 习近平总书记在全国高校思想政治工作会议上发表重要讲话，从全局和战略高度深刻回答了事关高等教育发展与高校思想政治工作的一系列重大问题。百年大计，教育为本，高校思想政治工作事关国家政治安全与社会稳定，事关社会主义事业合格建设者与可靠接班人的培养，任何时候都不能忽视、不容松懈，必须直面突出矛盾、针对现实问题，旗帜鲜明、理直气壮地抓紧抓好高校思想政治工作。

【课程改革任务】

1. 将强化学院意识形态工作和思想政治工作贯彻到"思想道德修养与法律基础"教学的全过程，实现学院领导及有关部门责任人、思政课教师、辅导员全员参与、齐抓共管、协同落实、一贯到底的联动效应。

2. 适应时代需求，立足学院实际和学生发展实际，优化"思想道德修养与法律基础"课程体系和课程结构，将课堂理论教学、校园文化建设、实践教学与学院常规思想政治工作有机结合起来，构建动态的立体教育教学体系，切实提高教学实效性与针对性，使学生在每一次课上均有收获感。

3. 努力探索"思想道德修养与法律基础"教学规律，改革教学形式、教学模式、教学方法和成绩考评办法，实施专题化教学，利用网络平台管理及教学，采用时代性、发展性教学方法，努力提高课堂教学质量。

4. 信息化教学中，明确以学生为中心，强调情境对信息化教学的重要作用，强调协作学习的关键作用，强调对学习环境的设计，强调利用各种信息资源来支持"学"。

5. 加强师生学习共同体教学模式与实践教学建设，拓展教学空间，推进"思想道德修养与法律基础"课向课外延伸，强化学生自主学习和社会实践与适应能力，不断开辟实践教学新渠道，提高实践教学效果。

6. 将"思想道德修养与法律基础"教学与学校常规思想政治工作有机结合起来，把学生日常思想政治表现纳入思政课成绩考核范围。

7. 加强教师队伍建设，建设一支年龄、学历、职称结构合理的高素质的思想政治理论课教师队伍。

8. 加强学科建设和科研工作，推进学科建设和科研工作与教育教学工作的有机结合与良性互动，为提高"思想道德修养与法律基础"课教学质量提供必要的学科学术支撑。

【改革方案】

第一部分 "思想道德修养与法律基础"教学学分学时分配方案及教学形式

按照《中共中央宣传部、教育部关于进一步加强和改进高等学校思想政治理论课的意见》和《〈中共中央宣传部、教育部关于进一步加强和改进高等学校思想政治理论课的意见〉实施方案》的要求，"思想道德修养与法律基础"课为48学时，其中理论学时为45学时，实践学时为3学时，3学分。

根据新时代对思政课改革要求，结合实际情况，将"思想道德修养与法律基础"课程教学形式设计为：理论教学（教师课堂讲授）＋师生合作教学（师生共同备课合作完成教学）＋师生学习共同体＋实践教学，由四大板块构成，其教学时量大体按6:1:2:1的比例分配。

第二部分 "思想道德修养与法律基础"课程教学改革具体实施方案

一、教学内容专题化

专题化教学改革与创新的总体思路和构想

对大学生进行正确的意识形态引导，进行健康的价值观教育。课程以通识课程教育为主，既要求有理论、有深度，也要求贴近实际、贴近生活、贴近学生。杜绝空洞的理论说教，将理论和现实生动结合起来，让教学内容真正被学生所接受，入脑入心，每一块教学内容都要有获得感。

专题化教学改革的总体思路就是进一步完善教材体系，深化教材内容，既要让大学生有清晰的价值观标准，又要有独立思维、判断与选择的能力，并且将能力带入各专业领域的学习中，成为新时代优秀的大学生。本门课程采用专题式教学，所学专题分为三大板块。

在不改变本课程的主要内容和不违背教育部对本课程的基本要求的前提下，针对教师、学生在实际教学中所遇到的问题和困难，我们经过多次的反复论证，决定采用专题式教学，共设3篇10个专题，实现教材体系向立体教学体系的转变。同时，结合课程的内容特点，我教研室教师对其内容进行补充和完善。开发新课程"文化自信"，把课程内容同传统文化、红色文化、本土文化、先进文化结合起来，加强学生对本课程的亲近感、认同感，实现教学体系向大学生的认知体系和信仰体系的转变。"思想道德修养与法律基础"课程专题化教学体系如表2所示。

二、教学方法多样化

教学方法改革主要是在传统讲述式的基础上，加大专题式、团队式、师生合作式、信息处理式等教学力度，强化实践教学环节。

（1）建设学习团队。第一次课要组成固定学习团队，填写学习团队表，且在教学实施过程中加大团队学习绩效管理。

（2）结合教学内容组织电影视频课，并由教师完成课前观影知识清单（教材知识预习+观影间感悟），当堂课完成。

（3）校内公益活动。以安全为前提，尽量将公益活动设计在校内。

（4）期末教学成果汇报节目。

（5）图书馆之行。信息处理式教学方式，针对教学专题为学生设计知识清单，限时在图书馆完成。

（6）师生合作授课。师生共同学习，合作备课完成教学专题。

（7）专题知识竞赛。

三、成绩考评方案

（1）多元化动态修学分考核方式——每一项活动、每一次课堂都有相应积分，满分为100分，及格为60分。

（2）考核总评分数分为结果性考核与过程性考核两部分。结果性考核为无纸化期末网上理论知识答卷，满分为30分。过程性考核满分为70分。分数记录改变原来的100分制，而采用各项实际得分数。

（3）课堂表现成绩采取负分制，直接从总评成绩里减分。无故旷课3次总成绩为0分。迟到、早退每次扣2分，两次迟到合成一次旷课。旷课每次扣5分。事假每次扣2分。病假与公假不扣分，但必须按学院规定上交相关证明。所有假若超过总学时四分之一，成绩为0。学生所有假条须保留，期末上交存档。

（4）成绩不合格者无补考机会，但可以免费重修。

（5）实践成绩必须以过程记录、现实表现和书面材料为依据。

（6）理论教学要求学生统一课堂笔记格式；师生合作教学、师生学习共同体、实践教学要求学生统一下发任务书。

（7）师生学习共同体、实践教学中每次活动均选出百分之五优秀作品，优秀作品学生可在总评成绩基础上加2分，但学生总评成绩不能超过100分。

四、"思想道德修养与法律基础"课程教学安排

表 2 "思想道德修养与法律基础"课程教学内容与学时分配

教学篇	教育主题	教学课次	教学专题	教学形式	讲授内容	学时	积分	备注
思想篇	绪论	1	扬帆远航，做新时代合格大学生	理论教学	一、课前课程介绍 二、我们处在中国特色社会主义新时代 三、时代新人要以民族复兴为己任	2	3	
	人生观教育	2	图书馆之行：我的大学我做主	师生学习共同体	我的大学我做主（上课地点图书馆）	2	2	
		3	人生的青春之问：感悟美丽人生	师生合作教学	一、人生与人生观 二、个人与社会的辩证关系	2	5	
	价值观教育	4	树立正确的人生观	理论教学	一、科学高尚的人生追求 二、积极进取的人生态度 三、人生价值的标准与实现	2	3	
		5	创造有价值的人生	理论教学	一、辩证对待人生矛盾 二、反对错误人生观 三、成就出彩人生	2	3	
	理想信念教育	6	追求远大理想，坚定崇高信念	师生合作教学	一、解读理念和信念 二、为什么要树立理想信念 三、树立科学的理想信念 四、如何实现理想 ——架起通往理想彼岸的桥梁	2	5	
	爱国教育	7	弘扬中国精神，做新时代的爱国者	理论教学	一、中国精神是兴国强国之魂 二、爱国主义及新时期的爱国主义 三、做真正的爱国者 四、让改革创新成为青春远航的动力	2	3	
		8	大学生讲思政课	师生学习共同体	弘扬中国精神	2	2	
		9	大学生讲思政课	师生学习共同体	弘扬中国精神	2	2	
	核心价值观教育	10	核心价值观教育	理论教学	一、全体人民共同的价值追求 二、坚定的价值观自信 三、做社会主义核心价值观的积极践行者	2	3	

续表

教学篇	教育主题	教学课次	教学专题	教学形式	讲授内容	学时	积分	备注
道德篇	中华传统美德教育	11	道德	理论教学	什么是道德	2	3	
		12	中华传统美德颂	师生合作教学	吸收借鉴优秀道德成果之中华传统美德	2	5	
		13	主题摄影	师生学习共同体	校园的美	2	2	
	中国革命道德教育	14	中国革命与人类文明优秀道德	理论教学	一、吸收借鉴优秀道德成果之发扬中国革命道德 二、借鉴人类文明优秀道德成果	2	3	
		15	宣讲英雄故事	师生学习共同体	主题"聆听英雄故事,铭记英雄壮举"	2	2	
	社会公德教育	16	社会公德记心头,文明行为我率先	理论教学	一、社会主义道德 二、社会公德	2	3	
		17	校内公益展播	师生学习共同体	视频拍摄——我的公益	2	2	
	职业道德教育	18	图书馆之行:探索——职业、择业、创业	师生学习共同体	探索——职业、择业、创业(上课地点图书馆)	2	2	
	家庭美德教育	19	家庭美德,个人品德	理论教学	一、家庭美德 二、个人品德	2	3	
		20	观看视频影音	师生学习共同体	向上向善,知行合一主题"感受道德力量,提升道德修养"	2	2	
法律篇	社会主义法律教育	21	社会主义法律	理论教学	一、法律 二、社会主义法律	2	3	
	宪法与法治教育	22	法律知识竞赛	师生学习共同体	法律知识竞赛	2	3	
	权利与义务教育	23	权利与义务	理论教学	一、培养法治思维 二、依法行使法律权利与履行法律义务	2	3	
教学成果汇报	教学成果汇报	24	教学成果汇报	实践教学	教学成果汇报	2	3	
总计						48	70	

附件七：思想道德修养与法律基础课教学改革实施方案

【一、理论教学（教师课堂讲授）】

课堂讲授由思想政治理论课教学部的专任老师完成，专题模式固定化，教师可以根据学生特点进行适当调整，按照本课程的教改方案具体实施，具体情况如表3所示。

表3 "思想道德修养与法律基础"理论教学教学步骤、积分及考评

教学专题	教学形式	学时分配	授课步骤	积分	考评方式	考评负责人	备注
扬帆远航，做新时代合格大学生	理论教学	2	一、导入新课 二、新课讲授 三、学生整理笔记 四、教师小结	3	1. 出勤 2. 课堂表现 3. 学生笔记（统一笔记格式） 4. 专题作业	任课教师	
树立正确的人生观		2		3			
创造有价值的人生		2		3			
弘扬中国精神		2		3			
核心价值观教育		2		3			
道德		2		3			
中国革命与人类文明优秀道德		2		3			
社会公德记心头，文明行为我率先		2		3			
家庭美德，个人品德		2		3			
社会主义法律		2		3			
权利与义务		2		3			

【二、师生合作教学】

根据学院和学生的具体情况，结合"思想道德修养与法律基础"课程的内容，师生合作教学模式固定，教师可以根据学生特点进行适当调整，按照本课程的教改方案具体实施，具体情况如表4所示。

表 4 "思想道德修养与法律基础"师生合作教学教学步骤、积分及考评

教学专题	教学形式	学时分配	授课步骤	积分	考评方式	考评负责人	备注
人生的青春之问：感悟美丽人生	师生合作教学	2	一、教师策划教学设计方案 二、提前2周面向教学班征集合作伙伴 三、进行教学流程排练 四、课堂实施 五、教师提交教学总结	5	1. 参与教师合作教学的学生积分为满分4积分。 2. 积极配合教学，表现优秀的学生积分为3积分。 3. 其他学生教师酌情给予积分	任课教师	
追求远大理想，坚定崇高信念		2		5			
中华传统美德颂		2		5			

【三、师生学习共同体教学】

根据学院和学生的具体情况，结合"思想道德修养与法律基础"课程的内容，师生学习共同体教学模式固定，教师可以根据学生特点进行适当调整，按照本课程的教改方案具体实施。具体情况如表5所示。

表 5 "思想道德修养与法律基础"师生学习共同体教学教学步骤、积分及考评

教学专题	教学形式	学时分配	授课步骤	积分	考评方式	考评负责人	备注
图书馆之行：我的大学我做主	师生学习共同体	2	一、教师策划活动设计方案 二、提前2周面向教学班下发任务书（每个专题统一下发任务书格式） 三、流程监管 四、任务实施 五、学生上交任务书 六、教师批阅任务书	2	1. 表现优秀的学生积分为满分2积分。 2. 其他学生教师酌情给予积分	任课教师	1. 以个人为单位 2. 填写图书馆之行任务书 3. 任务书后附作品
大学生讲思政课		4		4			1. 以团队为单位 2. 推荐一人讲10分钟课 3. 以个人为单位上交任务书
主题摄影		2		2			1. 以个人为单位 2. 填写任务书 3. 任务书后附作品
宣讲英雄故事		2		2			1. 每个团队3个故事 2. 时间为3~5分钟

续表

教学专题	教学形式	学时分配	授课步骤	积分	考评方式	考评负责人	备注
校内公益展播		2			2		1. 以团队为单位 2. 上交10分钟团队公益视频 3. 每人填写任务书
图书馆之行：探索——职业、择业、创业		2			2		1. 以团队为单位 2. 每人填写任务书
观看视频影音		2			2		以个人为单位填写观看视频影音任务书

【四、实践教学】

实践教学具体安排

此项考评占总评成绩的30%，由班级任课教师和各院系相关责任人共同完成考评，具体情况如表6所示。

表6 "思想道德修养与法律基础"实践教学教学步骤、积分及考评

教学专题	教学形式	学时分配	授课步骤	积分	考评方式	考评负责人	备注
法律知识竞赛	实践教学	2	以个人为单位答宪法与法律知识竞赛试卷	3	1. 优秀成绩给予满分4积分。 2. 其他学生教师酌情给予积分	任课教师	
教学成果汇报		2	一、提前3周面向教学班下发活动方案 二、下发任务书 三、以团队为单位上交节目视频	3	1. 优秀节目团队满分4积分。 2. 其他学生教师酌情给予积分		

附：品行表现奖惩建议

根据整体教学学生的表现，优秀者可以得到加分，加分方法是在总评成绩上加，但总评成绩不能高于100分。

1. 加分项目

（1）德：分等级评价。

（2）能：比如参加课程竞赛等活动并获奖。

（3）勤：分等级评价。

（4）绩：作业及实践考评成绩。

（5）创：创造性成果的获得。

2. 减分项目

（1）诚信问题：有失信行为、考试舞弊的。

（2）道德问题：对老师不尊敬的，对同学不友好的，违背社会公德、职业道德、家庭美德和个人品德的基本要求的。

（3）遵守法律：不能很好地遵守法律和学校的规章制度的。

思想道德修养与法律基础教研室

附件八：思想道德修养与法律基础课程教学成果汇报活动方案

为了丰富思政课堂教学方法多样性、针对性，提升和表达学生对思政课的获得感，展示当代大学生的风采，体现学院文化建设，同时也为学生提供一个展现自我、释放才能的舞台，营造优良的学风、校风，也为期末思政课文艺汇演做准备，学院思政部研究决定开展"思想道德修养与法律基础"课程教学成果汇报活动，活动具体方案如下。

一、指导思想

以党的十九大精神为指导，坚持以人为本，通过文艺展演的形式，建设校园文化，弘扬中华民族传统美德，从内心出发来演绎属于大学生的风采，为构建和谐社会贡献力量。

二、活动主题

本次活动以"用心感悟，置身演绎"为主题，面向大一新生，将"思想道德修养与法律基础"课程的学习成果以文艺展演的形式做学习汇报。

三、组织机构

主办承办单位：
负责人：

四、活动对象

我院全体秋季新生，在本班级内展演。
注：以个人或团队为单位。

五、活动要求

本次活动以文艺展演为表现形式，我院全体秋季新生以个人或团队为单位，必须参与一个节目，记录到实践成绩。

1. 作品反映"思想道德修养与法律基础"课程教学内容。文明健康、积极向上，用艺术的形式展示所学内容，唱响时代主旋律，展现校园新风尚。

2. 作品主题鲜明，格调高雅，形式力求灵活多样、新颖、丰富多彩，有独创性；既有时代特色，又要适合学院、学生特点。

3. 作品不含有国家法律、法规明令禁止的内容。

4. 特殊说明：遵守国家法律法规，不含有涉及色情、暴力、种族与宗教歧视等国家有关法律法规禁止或与其抵触的内容。严谨恶搞红色经典及英雄人物、格调低俗的作品；严查价值导向偏差、含有法律法规禁止内容的作品，情节严重的，依法从重处理。要求其严肃对待经典革命题材文化作品，尊重历史、敬重经典、礼赞英雄，自觉抵制和清除黄色等不良内容。

六、活动作品考核标准

1. 节目形式建议

歌舞类（大合唱、小合唱、重唱、独唱、对唱、歌曲串烧、歌伴舞、集体舞、独舞、民族舞、现代舞、街舞、健美操、武术表演等）；

乐器类（二胡、古筝、吉他、小提琴、笛等）；

语言类（朗诵、小品、相声、快板、校园剧、情景剧等）。

单个节目时长控制在3分钟内。

2. 节目来源分配

每个小班至少上报4个节目，每个学生至少参加一个节目，经过学生的精心准备，录制视频交给教师。

七、活动考核标准

优秀节目团队队员给予满分4积分，其他学生教师酌情给予积分。不参与活动的学生给予0积分。个人要上交活动任务书。

八、时间安排

时间：根据需要另行安排。

上交视频及任务书，各班级思政教师及时给予学生实践成绩。

九、活动纪律

所有师生服从统一安排。

教师纪律：遵守公正、公平、公开原则进行评分。

十、工作要求

所有思政教师要对此次活动高度重视，精心组织，积极支持与鼓励学生参与活动。

思政部
2018年6月20日